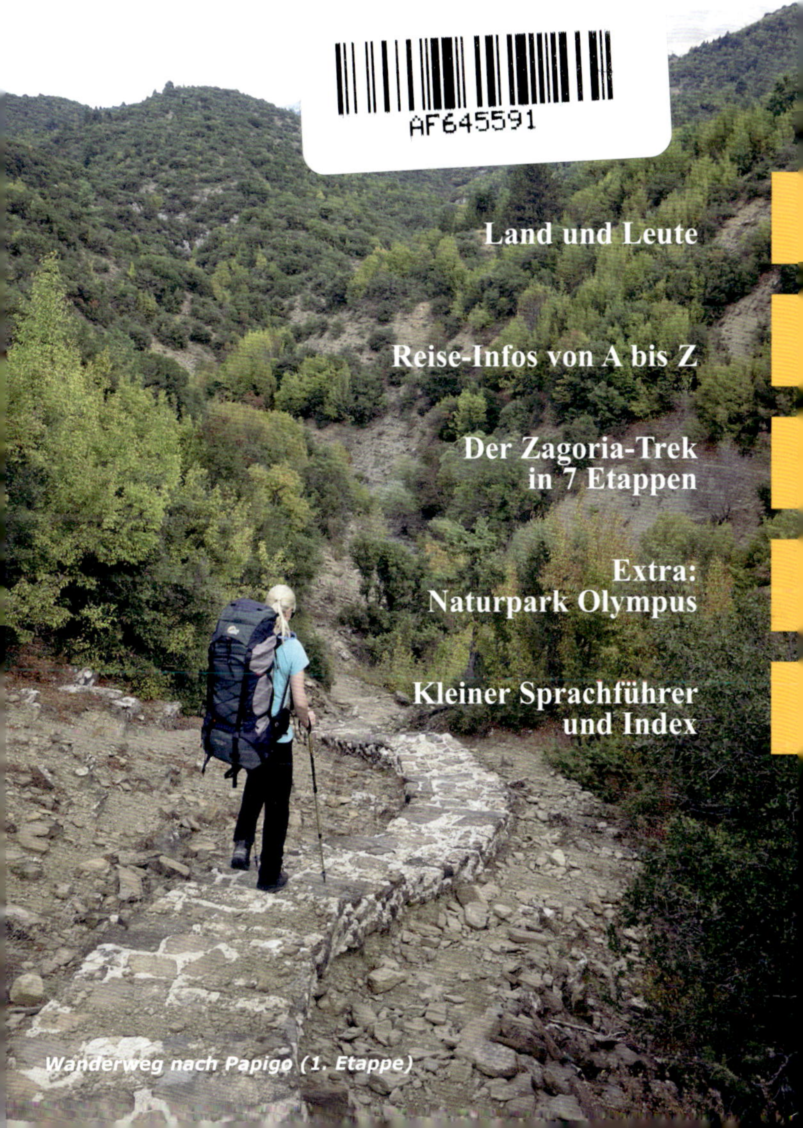

Land und Leute

Reise-Infos von A bis Z

Der Zagoria-Trek
in 7 Etappen

Extra:
Naturpark Olympus

Kleiner Sprachführer
und Index

Wanderweg nach Papigo (1. Etappe)

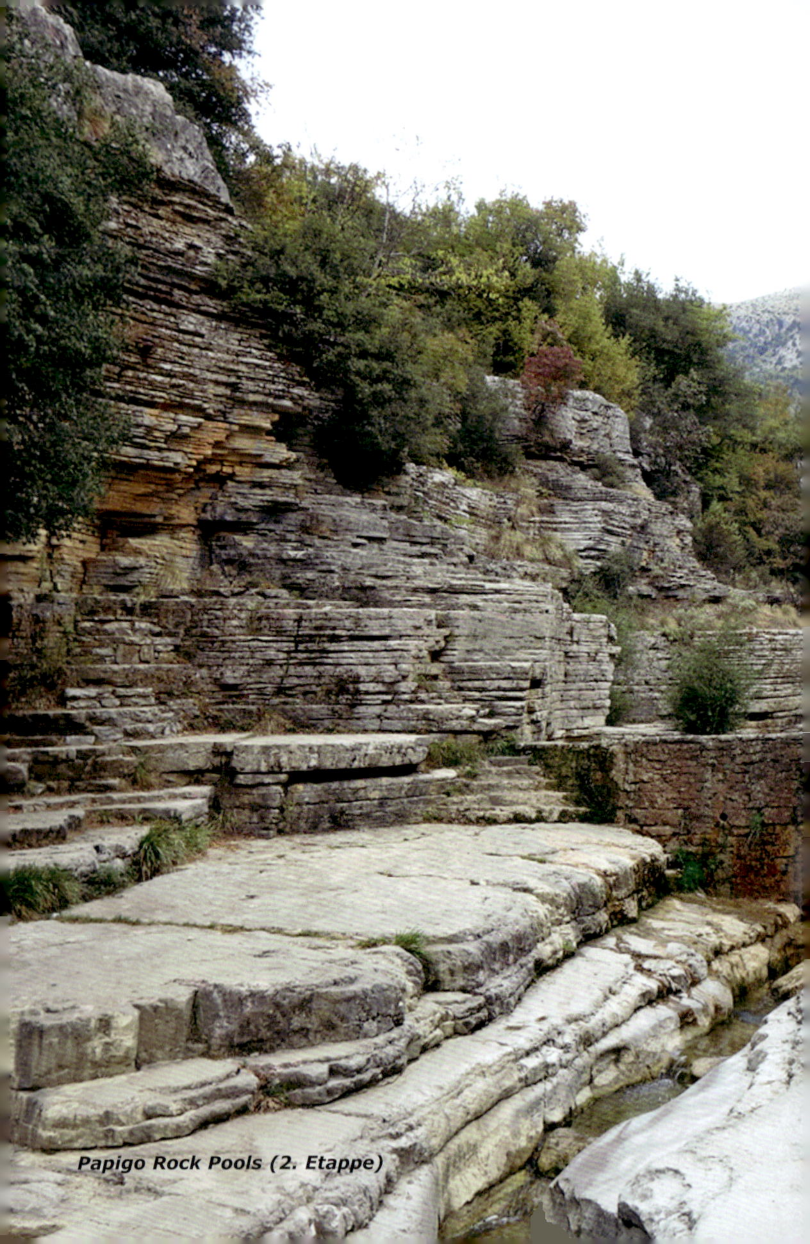

Papigo Rock Pools (2. Etappe)

Band 442

OutdoorHandbuch

Diana und Lars Steinhagen

Griechenland: Zagoria-Trek

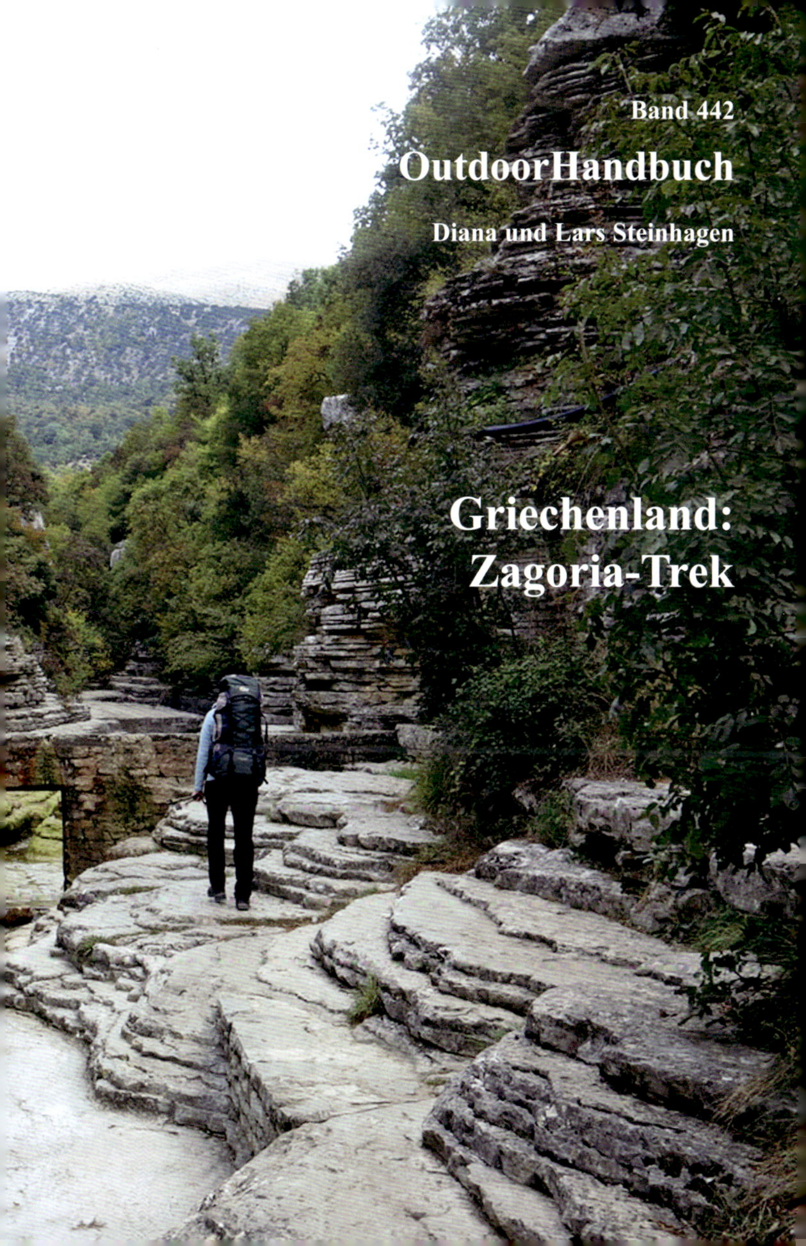

Griechenland: Zagoria-Trek

Die Autoren und der Verlag sind für Lesertipps und Verbesserungen (besonders per E-Mail) unter Angabe der Auflagen- und Seitennummer dankbar.

Dieses OutdoorHandbuch hat 160 Seiten mit 69 farbigen Abbildungen sowie 13 farbigen Kartenskizzen im Maßstab 1:50.000, 11 farbigen Höhenprofilen und einer farbigen, ausklappbaren Übersichtskarte. Es wurde auf chlorfrei gebleichtem, FSC®-zertifiziertem Papier gedruckt, in Deutschland klimaneutral hergestellt und transportiert und wegen der größeren Strapazierfähigkeit mit PUR-Kleber gebunden.

FSC
www.fsc.org
MIX
Papier aus verantwortungsvollen Quellen
FSC® C009051

Klimaneutral
Druckprodukt
ClimatePartner.com/10951-1906-1001

Dieses Buch ist im Buchhandel und in Outdoor-Läden erhältlich und kann im Internet oder direkt beim Verlag bestellt werden.

OutdoorHandbuch aus der Reihe „Der Weg ist das Ziel“, Band 442

ISBN 978-3-86686-610-2 1. Auflage 2019

Text und Fotos: Diana und Lars Steinhagen
Karten: Manuela Dastig
Lektorat: Amrei Risse
Layout: Alexandra Sauerland

Gesamtherstellung: gutenberg beuys feindruckerei

Dieses OutdoorHandbuch wurde konzipiert und redaktionell erstellt vom:

Conrad Stein Verlag GmbH, Kiefernstr. 6, 59514 Welver,
☏ 023 84/96 39 12, FAX 023 84/96 39 13,
info@conrad-stein-verlag.de,
www.conrad-stein-verlag.de

Besuchen Sie uns bei Facebook & Instagram:

www.facebook.com/outdoorverlag

www.instagram.com/outdoorverlag

Titelfoto: Die schönste Aussicht in die Schlucht – Der Aussichtspunkt Beloi! (Extratour)

Inhalt

Vorwort

Der Zagoria-Trek zeigt ein Griechenland, das die wenigsten Reisenden kennen. Ganz weit weg von den bekannten blau-weißen Bauten und den touristisch geprägten Stränden liegt ein bergiges Griechenland mit schroffen Felsmassiven, unzähligen Wasserquellen und weiten Wäldern. Frei lebende Pferde, Kühe und Schafe gehören zu den täglichen Wegbegleitern. Dieses in Deutschland noch relativ unbekannte Gebiet bietet atemberaubende Panoramen, eine große Vielfalt an Flora und Fauna sowie unzählige Möglichkeiten, bei freundlichen Menschen den eigenen Gaumen zu verwöhnen. Besonders beeindruckend sind die Blicke in die tiefste Schlucht der Welt. Die Vikos-Schlucht ist aufgrund der Relation zwischen Tiefe (900 m) und Breite (1.100 m) tiefer als der Grand Canyon und wurde 1997 ins Guinness-Buch der Rekorde aufgenommen. Der Zagoria-Trek verläuft direkt durch diese Schlucht und verbindet einen Teil der ursprünglich 46 Dörfer von Zagoria. Die besuchten urigen Dörfer sind allesamt aus Naturstein gebaut. Kopfsteinpflaster, enge Gassen und achteckige Kirchtürme mit großer Uhr sorgen für einen besonderen Charme. Seit dem zehnten Jahrhundert siedeln Menschen in diesen Dörfern, die dank ihrer abgeschiedenen Lage weitestgehend von Unruhen und Überfällen verschont geblieben sind. Um in dieser Abgeschiedenheit überleben zu können, spezialisierten sich die Bewohner auf Handwerk und Handel. Dabei entstanden Pfade (Kalderimi), wunderschöne Bogenbrücken (Yefira) und die Treppen (Skala) von Vradeto und Vitsa. Diese nahezu kilometerlangen Treppen aus Steinen, die mit ihrer langen Seite in den Boden gestampft wurden und damit mehr Halt für Mensch und Pferd bieten, sind einmalig und definitiv ein Markenzeichen des Zagoria-Treks. Die zahlreichen wunderschönen Steinbrücken aus dem 18. und 19. Jahrhundert führen über den Vikos-Fluss sowie über seinen vielen Nebenflüsse und sind ein herrliches Fotomotiv. Wanderer schätzen die vielen Sonnenstunden und die kulinarische Kochkunst der Griechen. Sich abends vor dem offenen Kamin der Restaurants verwöhnen zu lassen, ist ein toller Ausklang des Wandertages.

Der Zagoria-Trek ist ein Rundwanderweg und ein echter Geheimtipp für Wanderer! Die Wanderung umfasst sieben Etappen (bis zu 104 km inkl. Extratour **Beloi** und Weiterwanderung zum Drachensee), die individuell verkürzt oder verlängert werden können. Das Buch beschreibt Etappenkombinationen und liefert zu jeder Tagesetappe eine ausführliche Wegbeschreibung mit Angaben zu Übernachtungs- und Einkehrmöglichkeiten. Die Übernachtungen erfolgen in liebevoll renovierten Natursteinhäusern und einmal in einer Hütte (der Astraka-Hütte) auf 1.950 m Höhe. Die Orientierung wird durch detaillierte Karten, Höhenprofile und GPS-Tracks, die Sie kostenlos herunterladen können, erleichtert. Des Weiteren bietet das Buch hilfreiche Zusatzinformationen zur Anreise, Reisezeit und Region. Das vorliegende Buch unterstützt Sie somit bei der Organisation und Planung Ihrer Reise und ist ein hilfreicher Begleiter während der Wanderung.

Als Extra finden Sie in diesem Buch zudem eine ausführliche Beschreibung für den Aufstieg auf den höchsten Gipfel des Olymps, den Mytikas. Der Olymp lässt sich mit dem Zagoria-Trek gut kombinieren, da er ebenfalls in Nordgriechenland liegt. Hier steigen Sie binnen zwei Tagen auf den Thron der griechischen Götter. Ein einmaliges Erlebnis! Am ersten Tag des Aufstiegs sind 1.000 Höhenmeter zu überwinden und Sie erreichen die Hütte Spilios Agapitos. Der Folgetag beginnt früh, um die restlichen Höhenmeter bis zu den Gipfeln zu erklimmen. Über den Gipfel Skala (2.866 m) erreichen Sie den Mytikas (2.918 m). Hier oben weht die griechische Fahne und das Gipfelbuch bietet allen mutigen Wanderern Platz für einen persönlichen Eintrag. Ist das Wetter klar, haben Sie einen unvergesslichen Blick über Griechenland und seine Nachbarländer.

Wandern über den Wolken (2. Etappe, Olymp)

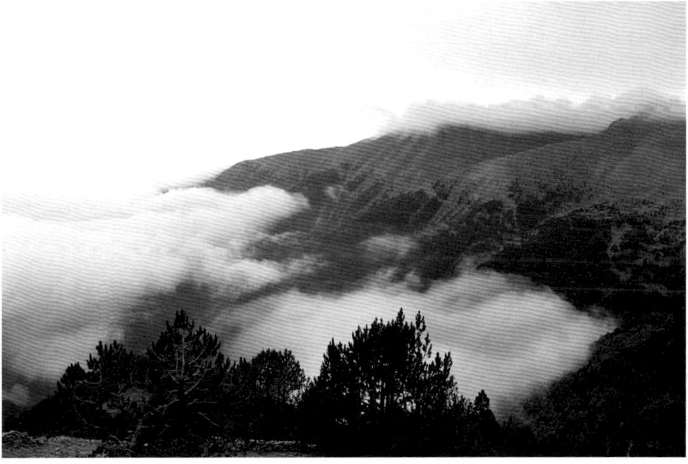

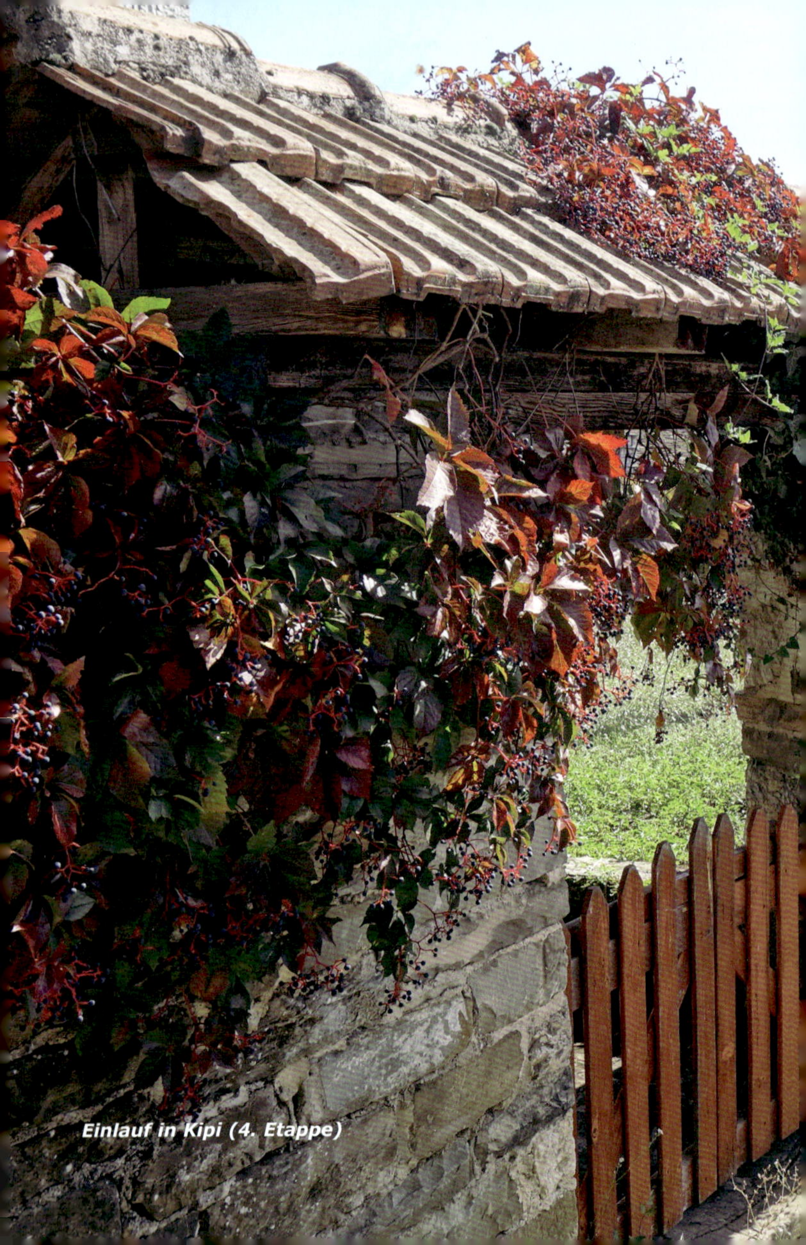

Einlauf in Kipi (4. Etappe)

Land und Leute

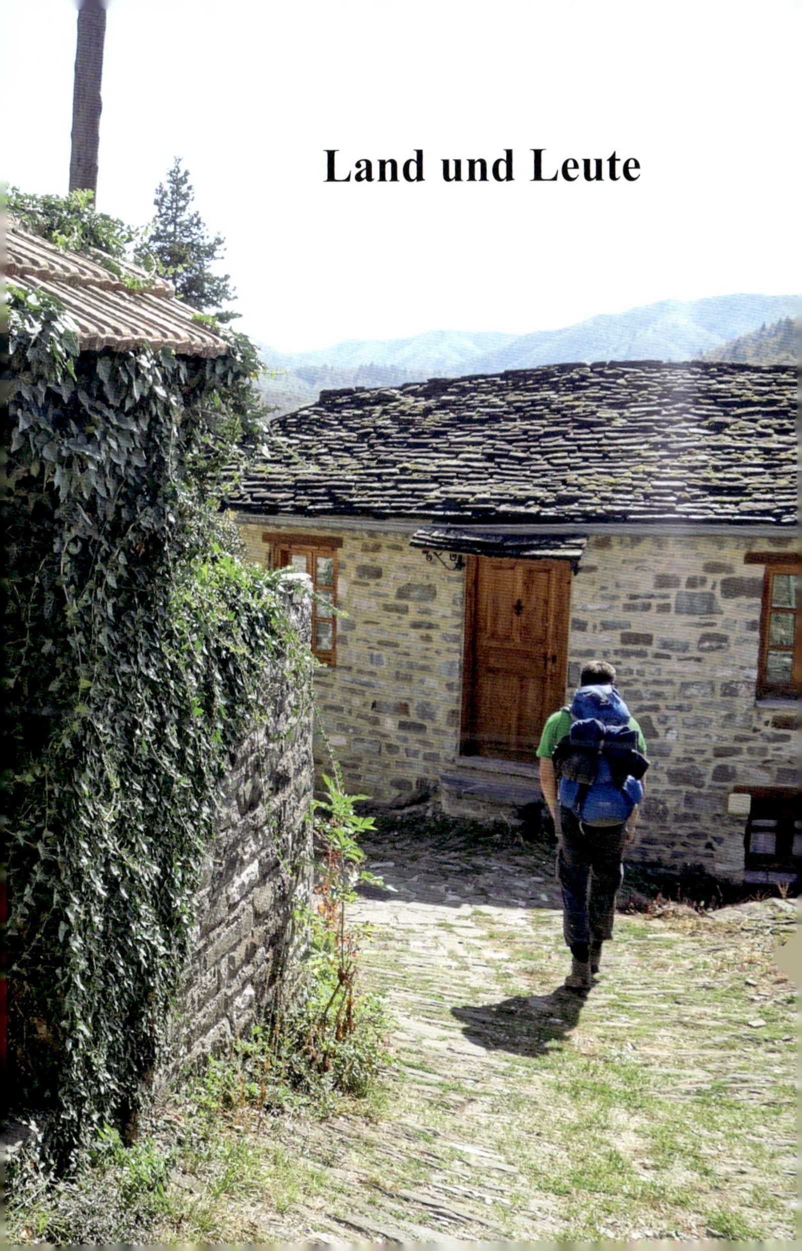

Geografie

Griechenland liegt im Südosten Europas. Umgeben ist das Land von Albanien, Bulgarien und Mazedonien im Norden bzw. Nordosten und der Türkei im Osten. Im Westen ist das Land durch das Ionische Meer begrenzt, im Osten durch das Ägaische Meer und im Süden durch das Mittelmeer bzw. das Libysche Meer. Griechenland setzt sich aus dem Festland im Norden, der Halbinsel Peloponnes und zahlreichen Inseln zusammen. Dabei entfallen 106.915 km² auf das Festland und 25.042 km² Landfläche auf die 3.054 Inseln. Dem maritimen Ruf des Landes entsprechend ist die Küste bemerkenswerte 13.676 km lang. Weniger bekannt ist dagegen, dass ein Großteil der Landfläche dem Gebirge zugerechnet wird.

Der nördliche Teil des Staatsgebiets beherbergt das Pindos-Gebirge, ein Hochgebirge von mehr als 150 km Ausdehnung in Nord-Süd-Richtung. Höchster Berg des Gebirges ist der 2.632 m hohe Smolikas. Er ist nach dem Mytikas (2.918 m) im ebenfalls im nördlichen Griechenland gelegenen Olymp der zweithöchste Berg Griechenlands. Im Norden reicht das Gebirge nach Albanien hinein. In Griechenland trennt es die Region Epirus im Westen von den Regionen Makedonien und Thessalien im Osten. Die Vikos-Schlucht und auch die Gemeinde Zagori (altslawisch Zagorъje für *za* = hinter und *gora* = Berg also „hinter dem Berg") befinden sich in Epirus. Das Gebiet liegt relativ schwer zugänglich zwischen dem Bergmassiv Tymfi (Hauptgipfel: Gamila, 2.497 m) im Norden und Westen sowie den Massiven Mitsikeli (Hauptgipfel: Mitsikeli, 1.810 m) und Lakmos (Hauptgipfel: Peristeri, 2.295 m) im Süden. Markant für die Region sind zahlreiche Bäche und Flussläufe, die im Laufe der Zeit spektakuläre Schluchten wie z. B. die Vikos-Schlucht geformt haben.

Östlich vom Pindos-Gebirge befindet sich das zweite Ziel dieses Buches: der Olymp, das höchste Gebirge Griechenlands und dank des Umstandes, dass dieses Gebirge die Wohnstätte der altgriechischen Götterwelt darstellt, wohl auch das bekannteste Gebirge der Antike. Durch die direkte Nähe zum Meer (rund 18 km Luftlinie von Mytikas nach Litochoro) wirkt das Gebirge im Vergleich zur Umgebung deutlich höher als beispielsweise die Berge der Alpen. Der Olymp besteht aus 52 Gipfeln, wobei zehn Gipfel höher als 2.700 m sind.

Weitere Erhebungen befinden sich mit dem Taygetos-Gebirge auf der Peloponnes und mit dem Psiloritis-Gebirge auf der Insel Kreta.

Die Einwohnerzahl Griechenlands hat sich in den letzten Jahren leicht auf rund 10,78 Millionen Einwohner verringert. Davon lebt rund ein Drittel in und um Athen, der Hauptstadt des Landes. Griechenland hat insgesamt mit ca. 83,3 Einwohnern je km² eine der niedrigsten Bevölkerungsdichten in der Europäischen Union. In der Region Zagori leben offiziell rund 3.800 Einwohner, was bei einer Fläche von rund 996 km² lediglich einer Bevölkerungsdichte von etwa 3,7 Einwohner je km² entspricht. Zum Vergleich: Die statistisch dichtest besiedelte Region in Deutschland ist München mit rund 4.668 Einwohnern je km² und die Region in Deutschland mit einer der geringsten Bevölkerungsdichten ist die Gemeinde Prignitz in Brandenburg mit ca. 36 Einwohnern je km².

Flora

Griechenland bietet aufgrund seiner vielfältigen Natur und Regionen (Küste, Inseln, Gebirge) eine sehr differenzierte Pflanzenwelt. Typische Kulturpflanzen sind beispielsweise die bekannten Olivenbäume und Wein. Weiterhin wird auf den z. T. fruchtbaren Böden auch großflächige Plantagenwirtschaft betrieben (Obst und Gemüse).

Der Herbst gibt dem Nationalpark ein schönes buntes Kleid (Extratour)

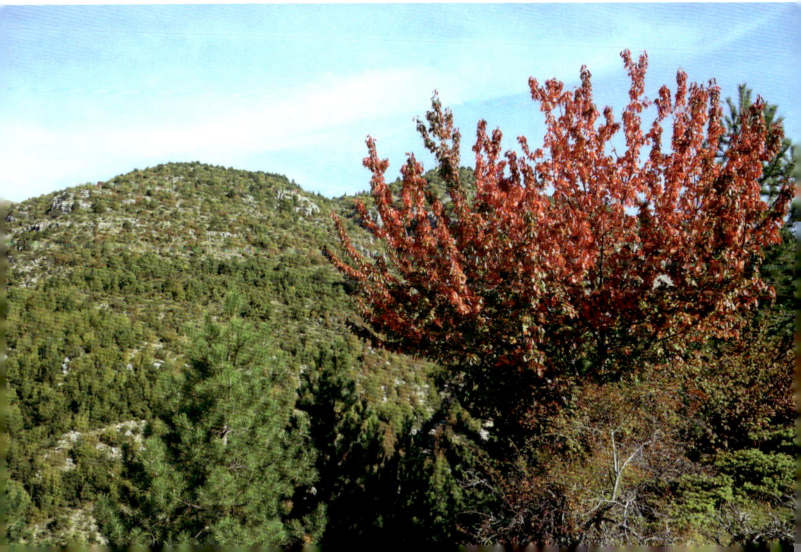

Weitverbreitet ist die Vegetationsform Phrygana. Diese bezeichnet eine mediterrane Hartlaub- und Gebüschvegetation, welche verschiedene Pflanzen, beispielsweise Myrte, Lorbeer, Erdbeer- und Ölbäume, einschließt. Insbesondere im feuchteren Westen ist diese Form weitverbreitet. Je weiter man in den trockeneren Süden vordringt, desto mehr verändert sich die Vegetation zu einer kärglicheren Trockenvegetation mit kleineren Büschen, Kakteen, Agaven, Disteln und Thymian.

Griechenland verfügt auch über Laub- und Mischwälder. Charakteristisch sind hier Zypressen und Eukalyptusbäume, aber auch Eichen, Kiefern und Platanen. Im Norden mit seinen Gebirgen, wie beispielsweise dem Pindos, in welchem der Zagoria-Trek liegt, bilden Buchen, Kastanien, Platanen, Ulmen, Nuss- und Ahornbäume bis zu einer Höhe von rund 1.500 m Laubmischwälder. In den höheren Lagen ab 1.700 m bis zur Baumgrenze bei rund 2.000 m sind Nadelwälder mit Kiefern- und Tannenbäumen zu finden.

Fauna

Die griechische Tierwelt ist ebenso vielfältig wie die Flora. In den Gebirgen des Nordens sind sowohl noch Braunbären und Wölfe als auch Rot- und Schwarzwild zu finden. Zudem bieten die zahlreichen Feuchtbiotope Zugvögeln aus ganz Europa zeitweise Unterschlupf. Neben den Zugvögeln sind auch zahlreiche Greifvögel, Schwalben und Mauersegler zu sehen.

Die Kühe schauen neugierig und halten Abstand (Extratour)

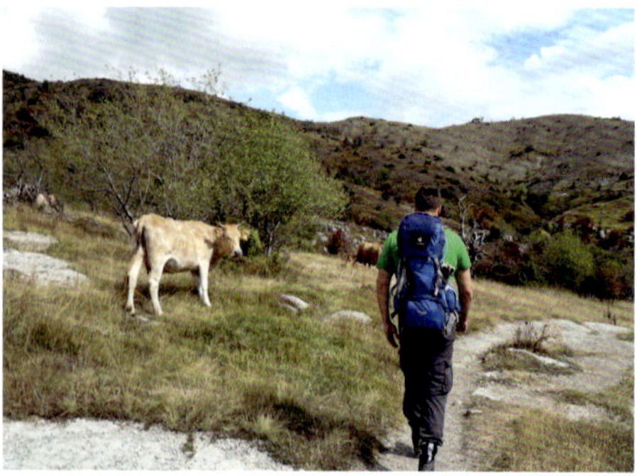

Auf Ihrer Wanderung können Ihnen Pferde begegnen, die keine wilde Rasse darstellen, sondern von den Bauern vor Jahrzehnten in die Freiheit entlassen wurden. Diese sind dementsprechend nicht besonders menschenscheu. Andere Tiere wie frei herumlaufende Kühe und Ziegen bzw. Gämsen können Ihnen ebenfalls häufiger begegnen. Eher selten sollten Sie die auch im Zagori zu findenden Wildschweine, Wölfe und Braunbären entdecken. An sonnigen Tagen steigen die Chancen, Eidechsen und Salamander zu sehen, welche harmlos sind.

Als kurzer Hinweis sei gesagt, dass es auch Schlangen in Griechenland gibt. Der irische St. Patrick, der sein Land von den Schlangen befreit haben soll, hat es nicht bis auf das griechische Festland geschafft, dementsprechend haben die Griechen ihre Schlangen noch. Giftschlangen wie die Hornotter, die Wiesenotter (klein, braun oder grau oder dunkelgrün mit schwarzem Zickzackband), die Bergotter (hellbraun oder hellgrau mit dunkleren Flecken) oder die Kreuzotter (ähnlich der Wiesenotter, nur deutlich größer) leben dort ebenso wie ungefährliche Vertreter der Art, beispielsweise die Leopardnatter (sehr lang, große rotbraune, schwarz umrandete Flecken an der Rückenmitte). Die gefährlichste Schlange ist tatsächlich die Hornotter, welche ein charakteristisches Horn am Kopf aufweist und eigentlich in ganz Griechenland, also auch in Städten wie Thessaloniki und Athen, lebt. Sie ist scheu und zieht die Flucht dem Angriff vor. Sollte es dennoch zu einem Biss kommen, muss dieser allerdings medizinisch versorgt werden. Es gibt aber ein Gegengift und große Gefahr besteht meist nur für ältere Mitmenschen, Kranke und Kinder. Generell sollten Sie bei warmen Steinen, Schutthaufen und auch bei hohem Gras vorsichtig sein und z. B. mit Wanderstöcken arbeiten, da Schlangen auf Vibrationen im Boden reagieren. Zahlen über Schlangenbisse in Griechenland liegen nicht vor. Bisse sollten aber die Ausnahme sein. Falls Sie oder ein Mitwanderer dennoch gebissen werden, sollten Sie Folgendes beachten:

1. Ruhe bewahren. Panik ist nicht hilfreich.

2. Wunde versorgen: Desinfizieren und verbinden Sie sie, wenn möglich. Versuchen Sie keinesfalls, das Sekret aus der Wunde zu drücken oder wie im Film herauszusaugen. Ganz wichtig bei Bissen in die Hand oder andere Extremitäten: Nehmen Sie Ringe, Uhren oder andere einschränkende Gegenstände ab.

3. Zeitnah einen Arzt aufsuchen. Merken Sie sich das Aussehen der Schlange möglichst gut, um diese adäquat beschreiben zu können.

Während unserer Wanderung sind uns drei Schlangen begegnet. Zwei von ihnen haben wir gar nicht richtig gesehen, da sie sofort im Gebüsch verschwunden sind. Nur eine Wiesenotter blieb auf ihrem Moospolster in der Sonne liegen und konnte fotografiert werden. Die Wiesenotter ist zwar giftig, war vor Ort jedoch überhaupt nicht angriffslustig. Sie wollte bei ihrem Bad in der Sonne einfach nicht gestört werden und so machten wir einen Bogen um sie.

Geschichte

Griechenland gilt als Wiege Europas und eine ausführliche Darstellung der Jahrtausende, angefangen bei der minoischen Hochkultur und den Mykenern, würde den Rahmen dieses Buches sprengen. Dementsprechend verweisen wir für tiefer gehende Darstellungen auf die entsprechenden Fachbücher (z. B. „Griechische Geschichte" von Wolfgang Schuller). Im Folgenden erhalten Sie einen sehr knappen Überblick über die Entwicklung der griechischen Kultur.

In der Antike entwickelten sich nach dem Untergang der minoischen Hochkultur und der Mykener ab dem 8. Jahrhundert v. Chr. Stadtstaaten (Polis), welche die Grundlage für unsere heutige Demokratie bildeten (in einer sehr stark eingeschränkten Form und auch erst ab dem 5. Jahrhundert v. Chr.). Sie entwickelten eigene Kulturen, führten Kriege und schlossen Bünde (beispielsweise Athen und Sparta). Alexander der Große von Makedonien eroberte im 4. Jahrhundert v. Chr. weite Teile Südosteuropas sowie Vorderasiens und es begann das Zeitalter des Hellenismus, also der Ausbreitung der griechischen Kultur über die damals bekannte Welt.

Allerdings wurden die Römer mit der Zeit immer dominanter im Mittelmeerraum und bereits 148 v. Chr. wurde Makedonien als Provinz in das Römische Reich eingegliedert. Ab 63 v. Chr. war ganz Griechenland mit all seinen Stadtstaaten eine römische Provinz und lebte innerhalb dieser mit seiner Kultur fort. 330 n. Chr. verlegte Kaiser Konstantin seinen Sitz nach Konstantinopel (heute: Istanbul) und legte somit die Grundlage für das Oströmische bzw. das spätere Byzantinische Reich. Während des 14. und 15. Jahrhunderts eroberte das Osmanische Reich Griechenland. Erst 1828 wurde die Unabhängigkeit errungen. Trotz der 368 Jahre andauernden Fremdherrschaft konnten die Sprache, die Religion und die Kultur Griechenlands bewahrt bleiben. Insbesondere die abgelegenen Regionen des Epirus-Gebirges, welches durch die Balkankriege 1912/1913 von den Osmanen erobert und dem griechischen Staatsgebiet hinzugefügt wurde, beherbergten zahlreiche Menschen, die vor der Staatsgewalt fliehen mussten, da die schwer erreichbare Region von den Herrschern nur stiefmütterlich beachtet wurde.

Im Zweiten Weltkrieg war die Epirus-Region Schauplatz von Kämpfen zwischen den Italienern, die von Albanien aus angriffen, und den Griechen. Zunächst konnten die Angreifer zurückgeschlagen und der albanische Teil des

Epirus-Gebirge erobert werden. Maßgeblich zum Sieg in dieser schwer zugänglichen Region beigetragen haben die Frauen von Pindos, die die Versorgung der Soldaten mit Essen und Kleidung organisierten und auch bei Wind und Wetter unter Einsatz ihres Lebens Munition transportierten. Ihren Leistungen wurde 1993 in der Nähe von Aspraggeli ein Denkmal gesetzt. Letztendlich wurde Griechenland dann aber dennoch 1941 durch Italien besetzt, nachdem Deutschland die italienischen Truppen unterstützt hat.

Religion

In vorchristlicher Zeit bestimmte der Polytheismus (griechisch: *polys* = viel und *theoi* = Götter à Vielgötterei) das antike Griechenland. Ähnlich wie bei früheren Hochkulturen wie den Sumerern, Babyloniern und Ägyptern entwickelten die Griechen ein komplexes mythologisches Universum, in welchem jedem Individuum bestimmte Rollen und Charaktereigenschaften, die z. T. sehr menschlich waren (z. B. Eifersucht, Leidenschaft, Liebe, Zorn und Mitgefühl), zugeordnet wurden. Durch die Überlieferung insbesondere der Texte Homers (Odyssee, Ilias) und Hesiods (Theogonie) sowie die Tatsache, dass sich auch die Römer sehr an der griechischen Mythologie orientierten und sie teilweise übernahmen, ist diese auch heute noch in unserer Kultur präsent.

Noch heute am berühmtesten sind die olympischen Götter, welche die Titanen gestürzt haben und auf dem Olymp residieren sollen. Dabei handelt es sich um Zeus, seine vier Geschwister Hera, Hestia, Poseidon und Demeter und mehrere seiner Kinder (Hephaistos, Hermes, Aphrodite, Ares, Artemis, Athene und Apollon). Hades, ein weiterer Bruder des Zeus, lebt mit seiner Frau Persephone als Gott der Unterwelt in ebendieser. Nachträglich in den Olymp aufgenommen wurden die Söhne des Zeus, die mit Sterblichen gezeugt wurden: Dionysos und der bekannte Herakles (Herkules). Die Tempel und Kultstätten der olympischen Götter finden sich in den damaligen Großstädten und Zentren des griechischen Reiches, z. B. in Athen. Dementsprechend gibt es in der Zagori-Region nur eine geringe Anzahl von Kultstätten für die Götter der alten Griechen.

Seit den Missionsreisen des heiligen Paulus ist das Christentum in Griechenland vertreten. Im 8. Jahrhundert n. Chr. kam es innerhalb der orthodoxen und der römisch-katholischen Kirche zu Streitigkeiten über die Anwendung des Zölibats und so wurde Griechenland dem orthodoxen Patriarchat von Konstantinopel

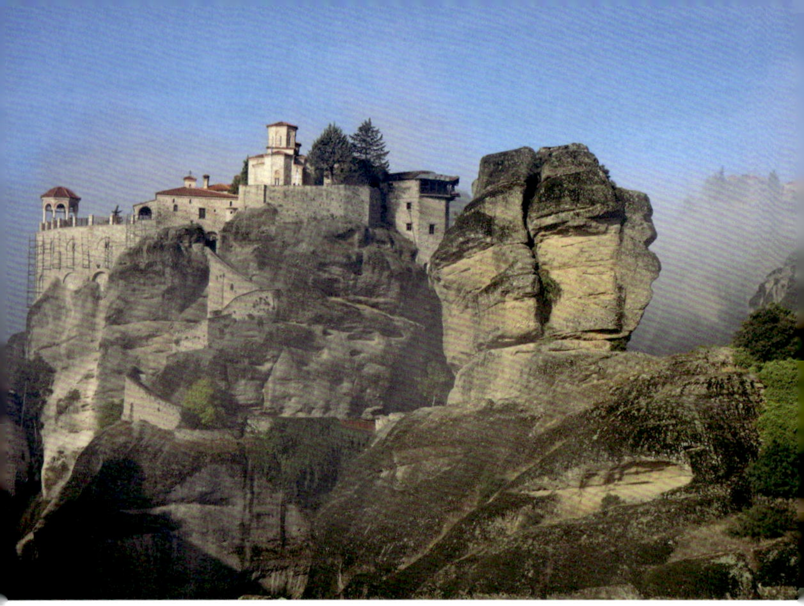

Meteora-Klöster, besondere Highlights für jede spirituelle Griechenlandrundreise

unterstellt. Den griechisch-orthodoxen Priestern (*pappás*) ist es gestattet, eine Ehefrau zu haben, sofern die Ehe vor der Priesterweihe geschlossen wurde, und erneut zu heiraten, wenn die Frau verstirbt. Im Jahr 1504 folgte die komplette Abspaltung der griechisch- und russisch-orthodoxen Kirche von der römisch-katholischen Kirche. Ab dieser Zeit war die Voraussetzung, um die griechische Nationalität zu erhalten, die Annahme des griechisch-orthodoxen Glaubens und seiner Riten. Nicht verwunderlich, dass dementsprechend der Glaube im Land stark verankert ist. Zahlreiche Kirchen und Klöster im ganzen Land zeugen von der tief verwurzelten Religiosität.

Besondere Highlights für jede spirituelle Griechenlandrundreise sind die Meteora-Klöster sowie der heilige Berg Athos. Die Meteora-Klöster liegen rund 2,5 Autostunden vom Pindos-Gebirge entfernt. Bis zum 15. Jahrhundert entstanden auf den dortigen Sandsteinbergspitzen 24 Klöster und Eremitagen. Heute werden noch fünf Klöster bewohnt. Der heilige Berg Athos auf der Halbinsel Chalkidikí wiederum beherbergte zur Blütezeit der Mönchsrepublik „Berg Athos" rund 20.000 orthodoxe Mönche in 40 Großklöstern. Seit über 1.000 Jahren durfte kein weibliches Wesen die Republik betreten. Aus diesem Grund sind beispielsweise auch Ziegen und andere weibliche Tiere verboten (bis auf Katzen, die als Mäusefängerinnen akzeptiert sind). Ein Besuch des Berges ist für Männer heutzutage möglich, doch gilt es dabei einiges zu beachten. Das Generalkonsulat der Bundesrepublik Deutschland in Thessaloniki hat dazu ein Merkblatt veröffentlicht.

Heutzutage sind rund 97 % der Bevölkerung Griechenlands Anhänger der griechisch-orthodoxen Kirche und leben die 1975 in der Verfassung von Griechenland verankerte Staatsreligion. Das höchste Kirchenamt im Land bekleidet der Erzbischof von Athen. Allerdings unterstehen einige Inselgemeinden (Kreta, Patmos, Symi, Karpathos, Rhodos, Kalymnos und Kos) und die Mönchsrepublik Athos nicht ihm, sondern dem Ökumenischen Patriarchat von Konstantinopel.

Abendstimmung im Zagori

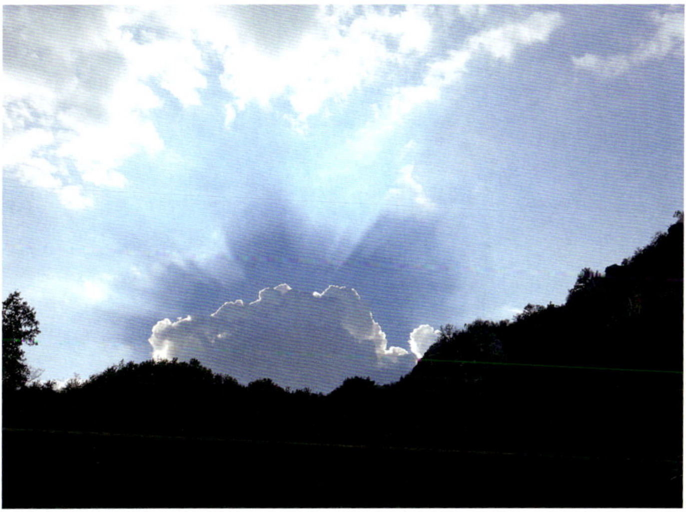

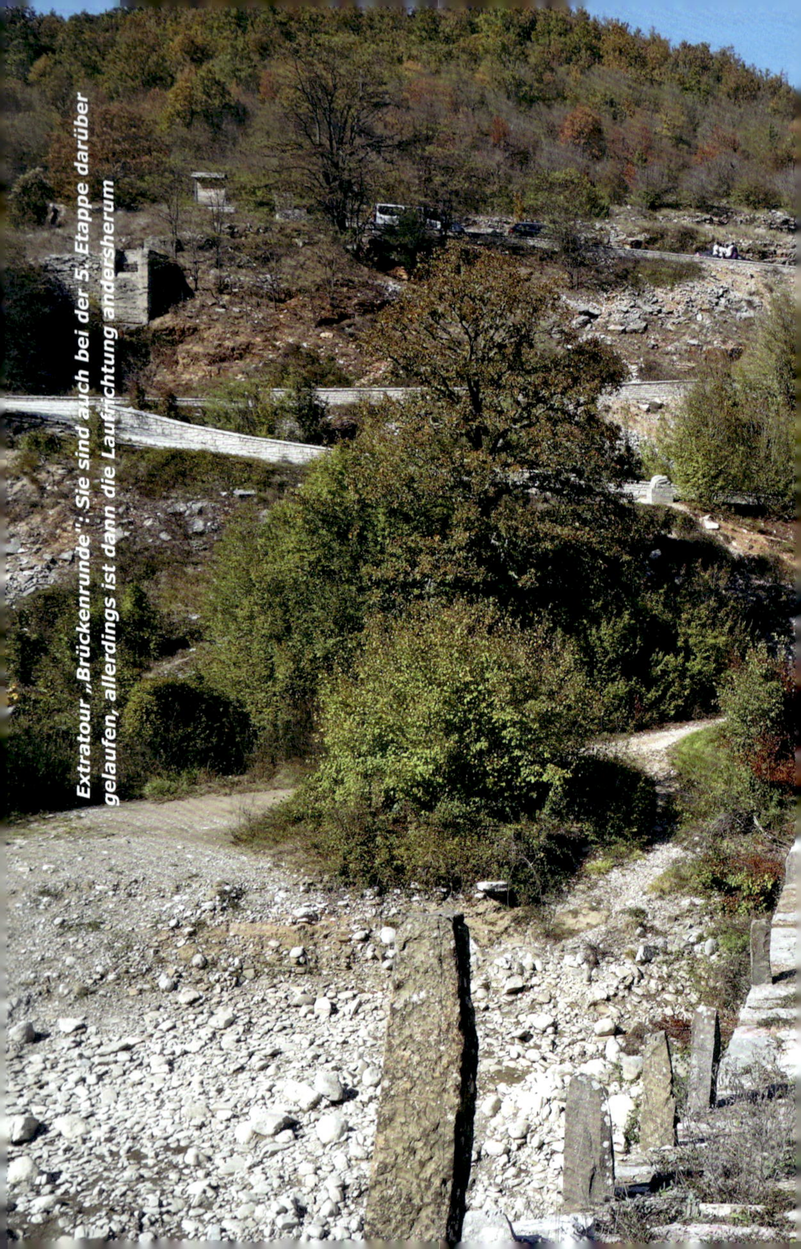

Extratour „Brückenrunde“: Sie sind auch bei der 5. Etappe darüber gelaufen, allerdings ist dann die Laufrichtung andersherum

Reise-Infos von A bis Z

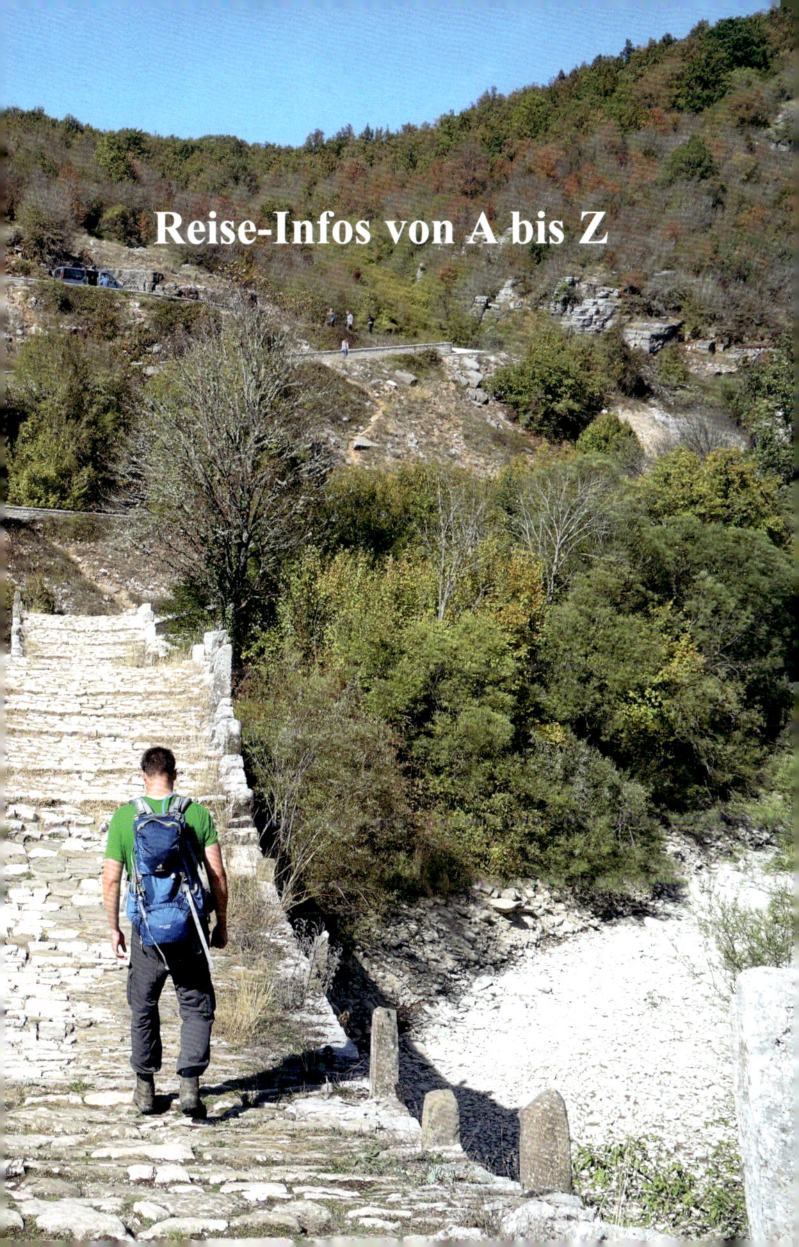

An- und Abreise

Für die Einreise genügt ein noch mindestens sechs Monate gültiger Personalausweis oder Reisepass, wenn Ihr Aufenthalt nicht länger als drei Monate dauert. Ein Visum brauchen Sie nicht.

Bitte vergessen Sie nicht, dass auch für mitreisende Kinder ein Ausweisdokument (Kinderpass) mitzuführen ist.

✈ Griechenland ist insgesamt ein sehr beliebtes Reiseziel der DACH-Bewohner (D = Deutschland, A = Österreich, CH = Schweiz). Dementsprechend gut sind die Verbindungen per Flugzeug nach Thessaloniki. Von Deutschland aus gibt es aktuell Nonstop-Flüge von Stuttgart (2 Std. 30 Min.), Düsseldorf (3 Std.), Köln-Bonn (2 Std. 30 Min.), Hamburg (3 Std.), München (2 Std.), Frankfurt am Main (2 Std. 30 Min.) und Berlin (2 Std. 30 Min). Fluglinien sind z. B. Ryanair, easyJet, Ellinair, Aegean, Eurowings und Condor. Von Wien fliegt eine Austrian-Airlines-Maschine nach Thessaloniki (2 Std.). Aus der Schweiz gibt es nur von Basel aus einen Direktflug mit easyJet (2 Std. 30 Min.). Andere Flughäfen bieten die Anreise nur mit einem Zwischenstopp an. Direktflüge zum Regionalflughafen Ioannina sind aus dem DACH-Raum nicht möglich. Der Flughafen kann über Athen angeflogen werden.

Vom Flughafen Thessaloniki fährt die Stadtbuslinie 78/78N rund um die Uhr alle 20 bis 60 Min. in die Innenstadt, zum Bahnhof und zum Fernbusbahnhof.

Bei den Fluggesellschaften sollten Sie darauf achten, ob in dem angegebenen Preis auch ein Gepäckstück enthalten ist. Ist der Flugpreis besonders günstig, kann es sein, dass nur ein Handgepäckstück im Preis inbegriffen ist. Die Wanderrucksäcke sind meist etwas zu groß und zu schwer für die Bestimmungen des Handgepäcks. Meist lässt sich ein Gepäckstück (bis 20 kg bzw. 23 kg) aber noch nachbuchen, sollte Ihnen erst später auffallen, dass der Flugpreis nur Handgepäck beinhaltet. Achten Sie bei der Gepäckabgabe des Rucksacks darauf, dass alle Schnüre und Verschlüsse möglichst nah am Rucksack anliegen, damit sich diese auf dem Gepäckband nicht verhaken können.

Darüber hinaus hilft die Nutzung einer sogenannten Cargo Bag (eine große Reisetasche speziell für Rucksäcke), den Rucksack vor Schäden durch den Transport zu schützen.

Informationen zu Flügen finden Sie unter:

Eurowings	www.eurowings.com
easyJet	www.easyjet.com
Ryanair	www.ryanair.com
Lufthansa	www.lufthansa.com
Ellinair	www.ellinair.com
Aegean	www.aegeanair.com
Condor	www.condor.com

Eine Anreise unter Nutzung von Bussen und Bahnen von München aus über Zagreb und Belgrad nach Thessaloniki ist möglich. Allerdings ist dies eine beschwerliche Anreise, die mehr als einen Tag dauert und mit zahlreichen Umstiegen verbunden wäre.

Sie können natürlich auch mit dem eigenen Auto nach Ioannina anreisen. Die rund 1.800 km lange Fahrt von München aus über den Balkan können Sie mit Zwischenstopps in Lubljana, Zagreb, Belgrad, Niš, Skopje und Thessaloniki verbinden.

Weiterreise in Griechenland

Vom Fernbusbahnhof in Thessaloniki fährt ein Bus nach Ioannina (Dauer rund 3 Std. 30 Min., Abfahrten um 8:15, 11:30 und 14:00). Wenn Sie direkt eine Rückfahrkarte erwerben, die drei Monate gültig ist, ist das Ticket günstiger (einfache Fahrt: € 30,50, Hin- und Rückfahrt: € 55, Studentenrabatt möglich). Von Ioannina besteigen Sie dann den Bus nach Klidonia für ca. € 7-9 (Dauer rund 45 Min., Abfahrten Mo-Fr: 5:00, 6:45, 10:30, 13:00, 16:00, 19:45, Sa und So: 9:30, 16:00, 21:00).

Um den Olymp-Nationalpark mit dem Bus zu erreichen, müssen Sie vom Fernbusbahnhof Thessaloniki Richtung Litochoro fahren. Dazu nutzen Sie erst einen Bus nach Katerini für ca. € 7 (Fahrtdauer ca. 50 Min., Bus fährt jede Stunde) und anschließend können Sie für ca. € 3 nach Litochoro weiterfahren (Fahrtdauer rund 30 Min., Bus fährt jede Stunde).

Die Anreise ist auch mit der griechischen Eisenbahn (Greek Railway OSE) möglich. Dazu fahren Sie direkt von Thessaloniki nach Litochoro. Die Fahrt dauert 1 Std. und kostet je nach Ticketkategorie zwischen € 6 und € 16.

Auch Kalambaka (Meteora-Klöster) können Sie mit der Bahn erreichen. Nach Ioannina zum Zagoria-Trek geht es dann allerdings nur mit dem Bus weiter.

Informationen zu Bussen und Bahnen in Griechenland finden Sie unter:

Griechische Bahn 💻 www.ose.gr
Busverkehr Thessaloniki – Ioannina 💻 www.ktelmacedonia.gr
Busverkehr Ioannina – Klidonia 💻 www.ioanninavoice.gr/dromologia-ktel/dromologia
(Es gibt nur eine griechische Version der Website, bei der Übersetzung helfen der Google Übersetzer oder Browser.)
Busverkehr Thessaloniki – Litochoro (Olymp) 💻 www.ktelpierias.gr/el
Busfernverkehr 💻 www.ktelbus.com

🚗 Das Mieten eines Autos ist entweder am Flughafen oder direkt in Thessaloniki gut möglich (☞ Verkehrsmittel). Mit diesem kommen Sie dann ganz bequem in die Zagori-Region (ca. 4 Std. für 300 km) oder zum Olymp (ca. 2 Std. für 140 km). Auf der schnellsten Strecke nach Klidonia nutzen Sie mautpflichtige Straßen. 2018 beliefen sich die Kosten für die Strecke Thessaloniki – Klidonia, welche sowohl mit Bargeld als auch mit Kreditkarte an entsprechenden Mautstationen bezahlt werden können, auf € 6,90 (Quelle: Mautrechner des ADAC). Für die Strecke nach Litochoro zum Olymp werden € 3,40 berechnet, von Litochoro über Ioannina nach Klidonia werden € 7,90 fällig.

Ausrüstung

Die Wanderung auf dem Zagoria-Trek sollte gut vorbereitet sein. Vor allem an guter Wanderausrüstung sollten Sie nicht sparen.

Ein 40 bis 50 l fassender Rucksack pro Person ist ausreichend. Der Rucksack sollte auf die Körpergröße abgestimmt sein und das Hauptgewicht sollte auf den Beckenschaufeln liegen. Der Hüftgurt sollte also gut gepolstert sein. Packen Sie dementsprechend schwerere Gegenstände im Rucksack nach unten in Richtung des Rückens. Bei einem Neukauf empfiehlt es sich, den Rucksack von einem fachkundigen Verkäufer gleich auf die eigene Körpergröße einstellen zu lassen.

Isomatte und Zelt sind, wenn Sie in den liebevollen Unterkünften übernachten, nicht erforderlich. Einen Schlafsack benötigen Sie dann auch nur für die Astraka-Hütte. Wir konnten uns dort noch so viele Wolldecken dazunehmen, wie

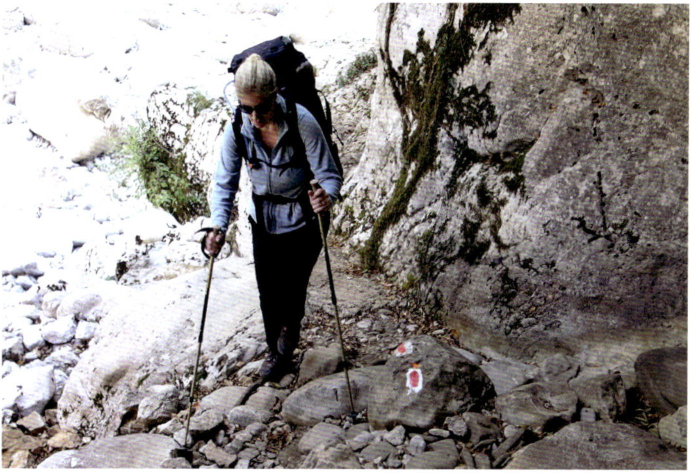

Eine gute Wanderausrüstung ist sehr wichtig (1. Etappe)

wir wollten, daher empfiehlt es sich, nur einen dünnen Schlafsack (Hüttenschlafsack) mitzunehmen, der möglichst wenig Platz im Rucksack wegnimmt. Sollten Sie mit dem Zelt unterwegs sein, haben Sie natürlich an andere Ausrüstungsgegenstände zu denken.

Das Gleiche gilt für Essensvorräte. In jedem Ort gibt es mindestens ein Restaurant und in Klidonia, Papigo, Tsepelovo und Monodendri auch kleine Verkaufsstellen mit dem Nötigsten. Ein paar Müsliriegel oder ähnliche Snacks für den Hunger zwischendurch dabeizuhaben, ist allerdings immer ganz sinnvoll. Daneben sollte der Rucksack noch Platz für ein paar Kleidungsstücke bieten. Da Sie die Kleidungsstücke auf der gesamten Wanderung mit sich tragen, sollten Sie bei der Auswahl sparsam sein. Vor allem, wenn Sie die Unterkünfte dem Zelten vorziehen, können Sie Ihre Kleidung auch regelmäßig auswaschen.

Möchten Sie nur mit einem Tagesrucksack wandern, könnten Sie mit den Unterkunftsbesitzern absprechen, dass diese Ihr restliches Gepäck immer zum nächsten Zielort (bei der Astraka-Hütte einen Zielort überspringen) fahren, dann haben Sie es natürlich leichter.

Die Kleidung selbst sollte möglichst wind- und regendicht sein und auch der Rucksack sollte einen Regenüberzug haben. Die Wanderschuhe sollten wasserdicht und mindestens knöchelhoch sein, damit Sie beim Wandern über Stock und Stein einen guten Halt haben. Wenn Sie neue Wanderschuhe haben, sollten Sie diese unbedingt vor der Wanderung einlaufen.

Packliste für den Zagoria-Trek

Diese Packliste ist lediglich ein Beispiel und daher nicht allumfassend.

Allgemeine Ausrüstung

- ☐ dieses Buch, Kartenmaterial
- ☐ ca. 40 bis 50 l fassender Rucksack mit Regenüberzug

Kleidung

- ☐ 1 Wind- und Regenjacke
- ☐ 1 Paar wasserfeste, hochgeschnittene Wanderschuhe
- ☐ Badelatschen/Flipflops (für die Astraka-Hütte als Hüttenschuhe)
- ☐ 2-3 qualitativ hochwertige Wandersocken (lieber die teureren kaufen)
- ☐ 1 bis 2 Wanderhosen
- ☐ ggf. 1 Regenhose/Regenhosenüberzug
- ☐ Unterwäsche
- ☐ 2-3 Funktions-T-Shirts
- ☐ 2 Funktionspullover/Fleecejacken (am besten aus Polartec)
- ☐ Halstuch, Handschuhe, Mütze
- ☐ Sonnenhut/Käppi

Körperpflege

- ☐ Kulturtasche (Zahnbürste, Duschgel etc.)
- ☐ Sonnencreme
- ☐ Handtuch (leicht und schnell trocknend)

Erste Hilfe

- ☐ Erste-Hilfe-Set: Mullbinden, sterile Wundkompresse, Verbandsschere, Pflaster, Desinfektionsmittel, sterile Handschuhe
- ☐ Pflaster
- ☐ Schmerztabletten, Sportsalbe
- ☐ persönliche Medikamente

Sonstiges

- ☐ Reiseunterlagen, Flugtickets, Buchungsbestätigungen
- ☐ Personalausweis, ggf. Studentenausweis
- ☐ ggf. Bescheinigung der Auslandskrankenversicherung
- ☐ Bargeld, Kreditkarte
- ☐ Fotoapparat und Aufladekabel, ggf. Zusatzakku
- ☐ Handy und Ladekabel
- ☐ Sonnenbrille
- ☐ Zettel und Stift
- ☐ Nähzeug

Packliste für den Olymp

Die Packliste für den Olymp entspricht weitestgehend den Utensilien für den Zagoria-Trek, aufgrund der Dauer von nur zwei statt sieben klassischen Tagen kann der Rucksack aber entsprechend kleiner gewählt und die Kleidung reduziert werden. Wir sind mit dem größeren Zagoria-Rucksack als aufzugebendem Gepäck und dem Olymp-Rucksack als Handgepäck geflogen. Gegenstände, die auf beiden Wanderungen gebraucht wurden, etwa Regenjacke oder Kulturtasche, haben wir jeweils in den Rucksack umgepackt, mit dem wir unterwegs waren. Diese Möglichkeit mit den zwei Rucksäcken bietet sich beispielsweise an, wenn Sie mit dem Mietauto unterwegs sind und den anderen Teil im Kofferraum lassen können. Haben Sie eine Unterkunft in der Nähe des Olymps, z. B. in Litochoro, könnten Sie auch darüber nachdenken, die gerade nicht benötigte Ausrüstung in der Unterkunft zu lassen und sie nach der Olympbesteigung wieder abzuholen.

Daher hier für den Olymp nur noch einmal das Wichtigste:

Allgemeine Ausrüstung

- ☐ dieses Buch, Kartenmaterial
- ☐ ca. 30 l fassender Tagesrucksack mit Regenüberzug

Kleidung

- ☐ 1 Wind- und Regenjacke
- ☐ 1 Paar wasserfeste, hochgeschnittene Wanderschuhe
- ☐ Badelatschen/Flipflops (als Hüttenschuhe)
- ☐ 1-2 qualitativ hochwertige Wandersocken (lieber die teureren kaufen)

- ☐ 1 Wanderhose
- ☐ ggf. 1 Regenhose/Regenhosenüberzug
- ☐ Unterwäsche
- ☐ Skiunterwäsche für die Nacht bzw. zum Anziehen unter der Kleidung bei Kälte
- ☐ 2 Funktions-T-Shirts (nach dem Duschen ist ein trockenes T-Shirt angenehm)
- ☐ 1-2 Funktionspullover/Fleecejacken (am besten aus Polartec)
- ☐ Halstuch, Handschuhe, Mütze
- ☐ Sonnenhut/Käppi

Körperpflege/Erste Hilfe/Sonstiges

☞ Packliste Zagoria-Trek

Diplomatische Vertretungen

… in Griechenland

- Deutsche Botschaft, Karoli & Dimitriou 3, 10675 Athen - Kolonaki, ☏ 00 30/210/728 51 11, 💻 www.athen.diplo.de, ✉ info@athen.diplo.de
- Österreichische Botschaft, Leof. Vasilissis Sofias 4, 10674 Athen, ☏ 00 30/210/725 72 70, ✉ athen-ob@bmeia.gv.at
- Schweizer Botschaft, Iasiou 2, 11521 Athen, ☏ 00 30/210/723 03 64, ✉ vertretung@ath.rep.admin.ch

… in Deutschland

- Botschaft der Hellenischen Republik Griechenland, Kurfürstendamm 185, 10707 Berlin, ☏ 030/20 62 60, 💻 www.mfa.gr/germany/de/the-embassy, ✉ gremb.ber@mfa.gr

… in Österreich

- Botschaft der Hellenischen Republik Griechenland, Argentinierstrasse 14, 1040 Wien, ☏ 00 43/1/506 15, 💻 www.mfa.gr/missionsabroad/de/austria-de, ✉ gremb.vie@mfa.gr

… in der Schweiz

- Botschaft der Hellenischen Republik Griechenland, Weltpoststraße 4, 3015 Bern, ☏ 00 41/31/356 14 14, www.mfa.gr/bern, gremb.brn@mfa.gr

Einkaufen und Supermärkte

Die Wanderregion am und abseits des Zagoria-Treks ist nicht besonders üppig besiedelt. Daher finden Sie nur in den größeren Ortschaften wie Klidonia, Papigo, Tsepelovo und Monodendri Lebensmittelläden. Diese sind sehr klein und beschaulich, bieten aber die Ausstattung mit dem Nötigsten – zu natürlich etwas höheren Preisen als in einem Discounter. Dafür gibt es einen freundlichen Plausch obendrauf. Die Öffnungszeiten richten sich mehr nach dem Bedarf, das bedeutet, es gibt eigentlich keine festen Zeiten. Ratsam ist es bei Wanderungen, immer Traubenzucker oder Schokolade bei sich zu haben, falls der Zuckerhaushalt sinkt.

Wasser müssen Sie während der Wanderung nicht kaufen, denn das Wasser ist in der Zagori-Region von ausgezeichneter Qualität. Somit können Sie das Leitungswasser in den Unterkünften bedenkenlos trinken und in Ihren möglicherweise vorhandenen Wassersack umfüllen. Dies ist ebenfalls mit dem Wasser aus den Quellen möglich, welche Sie auf dem Weg entdecken werden.

Bei akutem Bedarf an Lebensmitteln oder anderen Dingen des täglichen Bedarfs ist es ebenfalls möglich, bei den meist sehr freundlichen Gastgebern in den Unterkünften nachzufragen.

Elektrizität

Die elektrische Spannung beträgt in Griechenland 230 Volt Wechselstrom und die Netzfrequenz 50 Hertz. Dieses entspricht der Spannung in Deutschland, Österreich und der Schweiz. Sie benötigen daher keinen Reiseadapter bzw. Reisestecker, wenn Sie aus Deutschland oder Österreich kommen und Geräte mit Steckern des Typs C oder F bei sich haben. Als Typ C werden die länglichen, flachen Stecker bezeichnet, Typ F sind die breiten, runden Stecker. Beide haben zwei Stifte und passen in die Zweipunktsteckdosen in Griechenland. In der Schweiz werden oft auch Stecker des Typs J verwendet. Diese haben drei Stifte und passen somit nicht in die griechischen Steckdosen. Falls Sie aus der Schweiz kommen, kann somit ein Adapter mit zwei Stiften erforderlich sein.

Essen und Trinken

Griechenland bietet hochwertige Lebensmittel, die lecker zubereitet z. B. mit einem wohlschmeckenden Wein genossen werden können. Die Anstrengungen der Wanderungen werden dann auch mit genau diesem Angebot in den jeweiligen Zielorten belohnt.

In eigentlich jedem noch so kleinen Örtchen gibt es die Möglichkeit zur Einkehr. Auch die sehr einsam gelegene Astraka-Hütte bietet ein zwar überschaubares, aber sehr schmackhaftes Essensangebot. Je größer und belebter die Ortschaften sind, umso größer fällt auch die Auswahl an Lokalitäten aus. Die Mehrzahl der Restaurants liefert griechische Essensangebote aus lokalen Produkten. Da die Küche sowohl für Vegetarier als auch für Nichtvegetarier sehr attraktiv ist, findet eigentlich jeder genügend, um satt zu werden.

Sie werden auf der Wanderung auch die Kühe und Schafe sehen, deren Milch Grundlage für eine der Spezialitäten der Region bildet: Käse. Dieser wird beispielsweise für Tyropita (τυρόπιτα '), Blätterteigtaschen mit Fetakäse, genutzt.

Immer wieder lecker: Feta, Zaziki und Wein

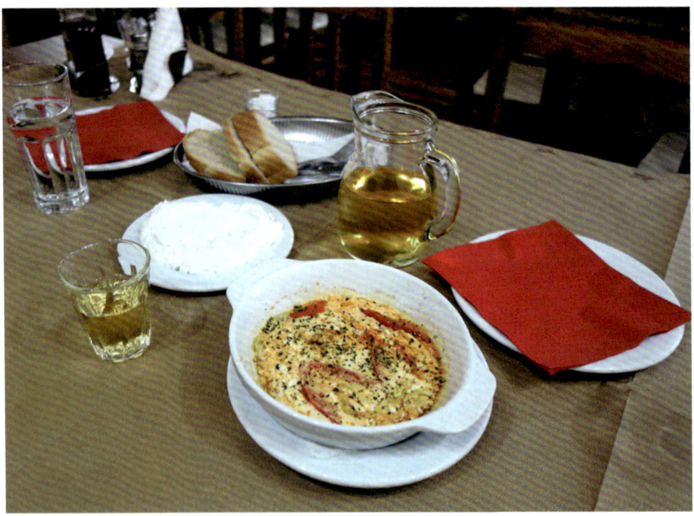

In der erweiterten Region werden jährlich 30.000 Hektoliter Wein produziert. Das Weingut Averoff produziert in Metsovo Rot- und Weißweine unter dem Markennamen Katogy. Das Weingut Glinavos produziert in Zitsa eine Vielfalt an unterschiedlichsten Produkten (Premiumweine, Destillate, Schaumweine etc.) sowie einen Branntwein mit Namen Tsipourou und bietet eine umfangreiche Betriebsführung und Weinverkostung an.

Weitere Informationen finden Sie unter 💻 www.glinavos.gr (Weingut Glinavos) und 💻 www.katogiaveroff.gr (Weingut Averoff).

Etappen und Laufrichtung

1. Tag: Klidonia – Papigo (➲ 10,2 km, ↑ 805 m, ↓ 419 m)
2. Tag: Papigo – Astraka-Hütte (➲ 8,5 km, ↑ 1.083 m, ↓ 101 m)
3. Tag: Astraka-Hütte – Tsepelovo (➲ 15,3 km, ↑ 458 m, ↓ 1.312 m)
4. Tag: Extratour Tsepelovo – Vradeto – Beloi – Tsepelovo (➲ 21,1 km, ↑ 877 m, ↓ 880 m)
5. Tag: Tsepelovo – Kipi (➲ 9,1 km, ↑ 279 m, ↓ 590 m)
6. Tag: Kipi – Monodendri (➲ 8,6 km, ↑ 581 m, ↓ 280 m)
7. Tag: Monodendri – Papigo (➲ 16,1 km, ↑ 761 m, ↓ 913 m)
8. Tag: Papigo – Klidonia (➲ 9,0 km, ↑ 256 m, ↓ 747 m)

Die Entfernungen und Daten wie Auf- und Abstiegsmeter wurden sowohl mit einem GPX-Tracker als auch mit einem Handy und einer entsprechenden App aufgenommen. Dabei haben sich Abweichungen bis zu 700 m ergeben, die sich durch Validierung mittels anderer Quellen klären ließen. Nichtsdestotrotz ist die Diskrepanz zwischen verschiedenen technischen Hilfsmitteln beim Wandern zu berücksichtigen.

Die meisten Wanderer gehen den Zagoria-Trek im Uhrzeigersinn. Sie können den Weg aber auch andersherum laufen. Sollten Sie Etappen überspringen wollen, können Sie einen Bus nutzen (die Busse fahren jedoch sehr selten) oder das private Busunternehmen von Rafting Ioannina anrufen (weitere Infos ☞ Verkehrsmittel). Daneben fahren die freundlichen Einheimischen (beispielsweise Unterkunftsbesitzer) Sie sicherlich für ein höfliches Fragen oder auch ein kleines Trinkgeld zu Ihrer nächsten Wunschetappe.

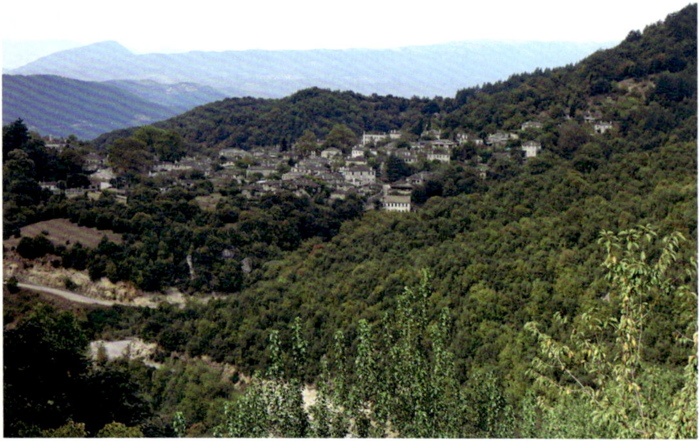

Blick zurück auf das „große" Papigo (2. Etappe)

Wenn Sie weniger Zeit haben, können Sie Ihr (Miet-)Auto auch auf dem großen Parkplatz vor Papigo abstellen und die Rundwanderung ab Papigo beginnen (nur 2. Etappe bis 6. Etappe), dann sparen Sie schon einmal zwei Tage. Wenn Sie noch einen weiteren Tag einsparen möchten, lassen Sie die Extratour zum Aussichtspunkt Beloi weg und fahren vor oder nach der Wanderung mit dem Auto dorthin. Vom Parkplatz Beloi sind es nur noch ca. 45 Min. zu Fuß bis zum Aussichtspunkt. Für den Zagoria-Trek brauchen Sie dann nur noch fünf Tage.

Haben Sie dagegen sogar mehr als acht Tage Zeit für den klassischen Zagoria-Trek eingeplant, können Sie z. B. noch einen weiteren Tag in Monodendri bleiben und hier zum Oxya-Aussichtspunkt wandern. Alternativ können Sie es sich in einer der besonders schönen Unterkünfte/Hotels in Papigo gut gehen lassen und hier noch ein paar Tage entspannen und ohne Wandern die Aussicht genießen. Wer über das nötige Kleingeld verfügt, kann sich z. B. noch Ruhe und Wellness im Mikro Papigo 1700 Hotel & Spa gönnen.

Der Weg lässt sich bei besonders guter Fitness ebenfalls individuell auf weniger Etappen verkürzen. Da aber „der Weg das Ziel ist", sollten Sie genug Zeit einplanen, um die Schönheit der Natur am Wegrand auch genießen zu können.

Die Länge der Etappen ist so gewählt, dass Sie jeden Weg an einem Tag gut bewältigen können. Außerdem haben wir darauf geachtet, dass sich am Zielort mehrere Übernachtungsmöglichkeiten befinden. Die hier beschriebenen Etappen sind allerdings nur Vorschläge. Es ist jedem Wanderer selbst überlassen, seinen Start- und Zielort zu wählen.

Die angegebene Wanderzeit ist ein grober Richtwert und enthält keine Pausen. Die Dauer der Wanderung kann somit je nach Fitnessgrad variieren.

Sie werden im Nationalpark immer wieder Schilder mit Zeitangaben finden. Diese widersprechen sich allerdings des Öfteren und sind häufig sehr sportlich berechnet. Sie sollten sich also nicht auf diese Angaben verlassen.

Bei den angegebenen Schwierigkeitsgraden bedeutet „einfach", dass der Weg ohne größere Anstrengung zu bewältigen ist. Das ist meistens der Fall, wenn der Weg aus einer befestigten Straße besteht und es keine größeren Auf- oder Anstiege gibt. Sind Etappen als „mittel" eingestuft, bedeutet das, dass diese Strecken für jeden Wanderer anstrengend, aber insgesamt machbar sind. Bei „schwierigen" Etappen sind mindestens Teilstrecken des Weges mit erheblicher Anstrengung verbunden und selbst Wanderer mit guter Fitness müssen sich anstrengen und benötigen vermutlich mehr Pausen als auf den übrigen Strecken.

Geld

In Griechenland wurde wie in Deutschland 2002 der Euro als Zahlungsmittel eingeführt. Geldautomaten finden Sie nur in den größeren Orten wie Papigo und Monodendri. Mit Ihrer Kreditkarte können Sie nicht überall bezahlen, daher ist es ratsam, ausreichend Bargeld dabeizuhaben. Unterkunftsbesitzer und Restaurantinhaber nehmen gerne Bargeld. Aber auch bei touristischeren Angelegenheiten wie der Straßenmaut ist Barzahlung anzuraten, da Kreditkartenzahlung nicht immer reibungslos funktioniert. Am besten ist es, das Geld abgezählt dabeizuhaben. Wie viel Geld Sie am Tag benötigen, hängt zunächst einmal davon ab, ob Sie Ihre Unterkunft bereits im Vorfeld gebucht haben und daher den Preis wissen und ob das Frühstück im Übernachtungspreis enthalten ist. Da die meisten Unterkünfte keine Küche für Gäste bereitstellen und in jedem Ort mindestens ein Restaurant vorhanden ist, drängt sich das Selbstkochen nicht unbedingt auf.

Allerdings sind dementsprechend auch höhere Kosten und höherer Bargeldverbrauch für das auswärtige Essen zu berücksichtigen. Unsere Unterkünfte haben einschließlich Frühstück zwischen € 40 und € 85 (DZ mit eigenem Bad) gekostet. Die Astraka-Hütte war mit € 26 günstiger, das Frühstück kam aber noch hinzu. Während der Wanderung haben wir Müsliriegel und andere Snacks gegessen, die wir mitgebracht hatten. Zu den Unterkunftskosten kam somit bei uns nur noch das Abendessen im Restaurant hinzu, dieses lag preislich (je nachdem, was für exklusive Wünsche wir hatten) zwischen € 20 und € 45.

Hunde

Das Mitführen von Hunden ist auf dem Wanderweg nicht untersagt. Auch in einigen Unterkünften ist das Mitbringen eines Haustieres nach Absprache möglich. Allerdings führt der Weg an zahlreichen frei laufenden Tieren wie beispielsweise Hunden, Ziegen und Kühen vorbei. Sie müssen selbst einschätzen, ob Ihr Hund den Herausforderungen einer Wanderung mit zahlreichen Wildspuren, frei laufenden Tieren und Höhenmetern gewachsen ist.

Willkommenskomitee in Ano Klidonia – Die drei Hunde freuen sich, dass jemand mal vorbeikommt (7. Etappe)

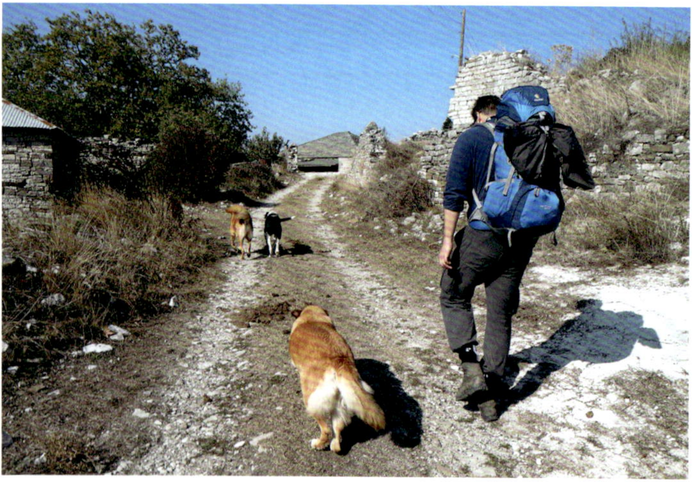

Insekten

Im Sommer und Herbst kann es Mücken geben, die den Wanderer belästigen. Bei unserer Wanderung im Oktober hatten wir fast keine Mücken, dafür aber in der Region um Kipi, Dilofo und Vitsa kleine, nervige Fliegen. Sie stachen zwar nicht, schwirrten aber ohne Pause um unsere Köpfe herum. Wir hatten kein Insektenspray dabei, aber wir vermuten, dass es gegen die aufdringlichen Fliegen auch nicht geholfen hätte. Bei uns half nur das Wandern in höher gelegene Orte.

Karten und GPS

Als zusätzliches Kartenmaterial neben den Karten in diesem Buch können Sie sich bei Bedarf die Karte „Zagori" im Maßstab 1:50.000 von Anavasi bestellen.

☺ Die Kartenempfehlung wurde von der Geobuchhandlung Kiel überprüft.
www.geobuchhandlung.de

Die GPS-Tracks zu den beschriebenen Wegen können Sie von der Internetseite des Verlags herunterladen.
www.conrad-stein-verlag.de

GPS *Grundlagen · Tourenplanung · Navigation* von Michael Hennemann, Conrad Stein Verlag, Basiswissen für draußen, ISBN 978-3-86686-495-5, € 9,90

Kinder

Mit seinen sieben Etappen (inkl. der empfehlenswerten Extratour **Beloi**, sowie der Weiterwanderung zum Drachensee), der Länge von ca. 104 km und einigen Höhenmetern kann der Zagoria-Trek nur von sehr gut trainierten Kindern, die Spaß am Wandern haben, bewältigt werden. Die Kinder sollten es gewöhnt sein, mehrere Stunden am Stück zu laufen, ggf. könnten die Etappenlängen verkürzt werden. Uns sind Kinder auf der 3. Etappe zur Astraka-Hütte, der Extratour von/nach Tsepelovo und der 6. Etappe durch die Vikos-Schlucht begegnet. Das Mitnehmen von Kleinkindern in der Kraxe/Kindertrage ist ebenfalls möglich. In vielen Unterkünften ist das Hinzustellen eines Kinderbettes möglich bzw. sind einige Zimmer der Unterkünfte so groß, dass von vornherein mehr als zwei Personen dort schlafen können.

Klima und Reisezeit

Die beste Reisezeit für den Zagoria-Trek ist zwischen Mai und Oktober. Im April klettern die Temperaturen zwar schon teilweise über 15 °C, jedoch regnet es noch ca. zehn Tage im Monat und auch die Astraka-Hütte öffnet meistens erst im Mai. Ab Mai haben alle Unterkünfte geöffnet, die Temperaturen liegen durchschnittlich bei 17 °C und die Regenwahrscheinlichkeit nimmt ab. Es sind nur noch ca. sechs Regentage im Monat. In den Monaten Juni bis August nimmt die Regenwahrscheinlichkeit weiter ab und die Temperaturen steigen im August auf bis zu 30 °C. Der September liegt bei gut 20 °C und sechs Regentagen/Monat, während es im Oktober nur noch ca. 18 °C sind und mit elf Regentagen/Monat zu rechnen ist. Das Wetter ist somit insgesamt sehr angenehm. Die vielen Sonnenstunden laden auch im September und Oktober noch zum Wandern ein. Die Flüsse führen im Frühjahr/Sommer mehr Wasser als im Herbst. Baden, beispielsweise in den Papigo Rock Pools, können Sie nur in den Sommermonaten, aber dafür werden Sie in diesen Monaten beim Wandern auch mehr schwitzen müssen. Die Sommermonate sind auch die Hauptsaison für den Nationalpark. Ab September wird es spürbar ruhiger. September und Oktober haben darüber hinaus den Vorteil, dass sich die Bäume verfärben und der Nationalpark in allen denkbaren Grün-, Gelb- und Rottönen leuchtet. Für einen wunderschönen Indian Summer brauchen Sie nicht bis nach Kanada zu fliegen, Nordgriechenland reicht. Bei der Wahl der Reisezeit sollten Sie neben den Temperaturen und den Regentagen auch noch die Helligkeit beachten. Ein Teil der Etappen ist lang, hier sollten Sie im September/Oktober spätestens gegen 10:00/11:00 losgehen, um auch mit Pausen noch im Hellen am Zielort anzukommen.

Im Januar und Februar kann im Vikos-Aoos-Nationalpark Schnee liegen. Richtig wandern können Sie dann natürlich nicht, da die Wegmarkierungen auf dem Boden durch den Schnee nicht mehr sichtbar sind. Dennoch ist der Nationalpark ebenfalls einen Besuch wert. Die Berge und Dörfer sind mit Schnee besonders fotogen und größere Unterkünfte/Hotels laden zum Entspannen ein. Im Winter kommen vor allem Griechen in den Nationalpark, um die winterliche Idylle zu genießen.

Für den Aufstieg auf den Olymp ist zu beachten, dass die Hütte Spilios Agapitos nur von ca. Mitte Mai bis Ende Oktober geöffnet ist. Um Schnee zu vermeiden, empfehlen wir daher, den Aufstieg zwischen Juni und Mitte Oktober zu planen.

Literatur

Darek Wylezol: „Traumtreks Europa: Die schönsten Trekkingtouren zwischen Polarkreis und Mittelmeer“, Bergverlag Rother, ISBN 978-3763370542, Bildband mit sechs Seiten über den Zagoria-Trek

Weitere Bücher über den Zagoria-Trek gibt es bisher nicht. Es ist nun einmal ein richtiger Geheimtipp …

Medizinische Versorgung und Apotheken

Am Zagoria-Trek gibt es keine Ärzte und keine Apotheken. Ärzte, ein Krankenhaus sowie mehrere Apotheken befinden sich in Ioannina, rund 40 Min. Autofahrt von Klidonia entfernt. Es empfiehlt sich daher, eine Reiseapotheke mit Pflaster und Verbandsmaterial, aber auch Mitteln gegen häufig auftretende Erkrankungen wie Erkältung, Durchfall oder Verstopfung dabeizuhaben. Wer zu Krämpfen neigt, könnte noch Magnesium einpacken. Zur Reiseapotheke sollten Sie für alle Fälle auch Ihren Impfausweis legen.

Darüber hinaus empfehlen wir jedem Reisenden, vor Antritt der Reise eine Auslandskrankenversicherung abzuschließen. Um unnötige Unfälle zu vermeiden, sollten Sie die Wetterprognose beachten und vor Anbruch der Dunkelheit an Ihrem Zielort sein.

Notruf

Passiert Ihnen ein Unfall, dann wählen Sie die 112 oder 100. Der Notruf ist natürlich kostenlos. Sollte Ihr eigenes Netz keinen Empfang haben, wählt sich das Handy automatisch in ein verfügbares Netz ein. Ist gar kein Netz verfügbar, ist das Handy leider nutzlos. Insgesamt ist der Empfang auf dem Zagoria-Trek aber gut, nur bei der Astraka-Hütte und bei der Wanderung von der Astraka-Hütte nach Tsepelovo kann es zwischenzeitlich zu Empfangsstörungen kommen.

Die Bergrettung am Olymp wird hauptsächlich durch die Feuerwehr in Litochoro mit Hauptsitz in Thessaloniki durchgeführt. Die Notrufnummer der Zentrale des Hellenic Rescue Teams in Thessaloniki ist ☎ 00 30/23 10/31 06 49. Auf dem Olymp haben Sie spätestens ab der Schutzhütte nur selten Empfang.

Öffnungszeiten

Im Vikos-Aoos-Nationalpark gibt es leider so gut wie nie feste Öffnungszeiten. Die Griechen öffnen am liebsten nach Bedarf.

Post

Auf dem Zagoria-Trek gibt es keine Post und auch keine Möglichkeit, Briefmarken zu kaufen. Auch die großen Postkartenstände in Monodendri verkaufen keine. Wenn Sie Postkarten an die Liebsten zu Hause versenden möchten, kaufen Sie die Postkarten beispielsweise in Monodendri und senden sie dann vor Ihrem Abflug in Thessaloniki ab. Eine Briefmarke für eine Postkarte nach Deutschland kostet € 0,90 (Stand 2019). Unsere Postkarten, die wir in einer Post in Thessaloniki abgegeben haben, sind zwei Werktage später schon in Deutschland angekommen.

Radfahrer

Das Fahrradfahren auf dem Zagoria-Trek ist nicht möglich. Wenn Sie mit dem Fahrrad den Vikos-Aoos-Nationalpark erkunden möchten, müssen Sie auf der Straße bleiben. Die Straßen sind gut asphaltiert, aber kurvenreich. Es fahren zwar nicht so viele Autos und Lkws auf den Straßen, allerdings rechnen diese auch nicht unbedingt mit Radfahrern, daher sollten Sie sehr vorsichtig sein.

Regeln für Wanderer

Für den Vikos-Aoos-Nationalpark bestehen Regularien, an die sich jeder Besucher des Parks zu halten hat. Diese Regeln entsprechen dem Verhalten, das grundsätzlich in der Natur angebracht ist. Auf den Informationstafeln zu den Regeln heißt es im Großen und Ganzen:

- Benutzen Sie nur die vorgegebenen Straßen und Fußwege.
- Parken Sie nicht außerhalb von zum Parken vorgesehenen Flächen.
- Zerstören, entwenden oder verändern Sie nichts im Nationalpark.
- Sammeln Sie keine Pflanzen, Samen oder Feuerholz und beschädigen Sie keine Bäume.

- ▷ Jagen Sie keine Tiere und zerstören bzw. plündern Sie keine Nester.
- ▷ Werfen Sie keinen Müll in die Natur.
- ▷ Das gilt auch für Zigarettenreste.
- ▷ Schwimmen oder fischen Sie nicht in Flüssen.

Sprache

Die griechische Sprache ist neben der chinesischen die älteste noch heute gesprochene Sprache der Welt. Dabei ist das heute gesprochene Griechisch eine Weiterentwicklung des Altgriechischen aus den Zeiten von Homer und seinen Epen sowie der humanistischen Strömung. Die Schrift ist älter als das uns geläufigere lateinische Alphabet. Sie benötigen aber nicht direkt einen Sprachkurs, um den Zagori oder den Olymp erkunden zu können. Insbesondere die jüngere Generation spricht ausreichend Englisch, um sich zu verständigen. Die Schilder für Richtungsangaben und Ortschaften sind meist mit griechischer und lateinischer Schrift versehen, sodass eine Orientierung möglich ist. In diesem Buch ist jeweils die Schreibweise (auch Klein-/Großschreibung) wiedergegeben, die Sie vor Ort sehen werden, wobei es teilweise auch unterschiedliche Schreibweisen gibt.

Sie treffen außerdem immer wieder auf Personen, die Deutsch sprechen. Beispielsweise spricht die Betreiberin der Olymp-Hütte Spilios Agapitos durch ihre deutsche Mutter fließend Deutsch und die Besitzer des Restaurants Astraka in Papigo sprechen ebenfalls Deutsch bzw. verstehen es zumindest. Sollten Sie doch einmal in die Verlegenheit kommen, dass Ihr Gegenüber Ihnen etwas Freundliches in der griechischen Sprache erzählt, verzagen Sie nicht: Der kleine Sprachführer am Ende des Buchs gibt Ihnen einige Ausdrücke an die Hand. Ansonsten hilft immer ein freundliches Lächeln.

☏ Telefon und Internet

Die wichtigsten Landesvorwahlen:

Griechenland	00 30
Deutschland	00 49
Österreich	00 43
Schweiz	00 41

Die Telefonnummern hier im Buch sind direkt mit der Landesvorwahl 00 30 angegeben. Festnetznummern beginnen mit einer 2, Handynummern mit einer 6.

Abgesehen von dem Bereich um die Astraka-Hütte ist Mobilfunkempfang unterwegs in der Regel gegeben (☞ Notruf). In den meisten Unterkünften gibt es WLAN (☞ Unterkünfte).

Trinkgeld

Wie auch in Deutschland, Österreich und der Schweiz üblich wird in Restaurants ein kleines Trinkgeld erwartet. Zur Orientierung können Sie von ca. 10 % oder weniger des Rechnungsbetrages ausgehen.

Unterkünfte

Als Unterkünfte auf dem Zagoria-Trek stehen viele liebevoll renovierte Häuser aus Naturstein zur Verfügung. Oft verfügt der Besitzer nur über wenige Zimmer, die er vermietet. Die Zimmer sind regelmäßig mit viel Geschmack eingerichtet und stehen Zimmern der gleichen Preiskategorie in Deutschland in nichts nach. Die Unterkünfte können am besten als Pensionen bezeichnet werden, auch wenn das Wort Hotel im Namen auftaucht. Richtige, größere Hotels sind seltener als Pensionen. Insgesamt sind die Kosten für ein Doppelzimmer mit eigenem Bad und Frühstück niedriger als in Deutschland. Meistens ist das Frühstück im Preis inbegriffen. Unsere Unterkünfte lagen preislich zwischen € 40 und € 85, wobei wir für € 80 und mehr schon in wirklich luxuriösen Zimmern/Studios übernachteten. Zu manchen Zimmern gehörte auch ein Balkon. Nur bei sehr wenigen Unterkünften ist eine Vorauszahlung erforderlich.

Straßennamen und Hausnummern sind zum Teil nicht vorhanden oder schlecht sichtbar. Meistens gibt es in den Orten eine Hauptstraße, die auch einen Namen hat. Da diese sich oft durch den gesamten Ort schlängelt, ist selbst diese Angabe aber nicht wirklich hilfreich, da das gesuchte Gebäude dann immer noch überall sein kann. Nebenstraßen haben regelmäßig gar keine Bezeichnungen. Da die Orte alle sehr überschaubar sind, ist es jedoch kein Problem, dass es keine/kaum Straßennamen gibt. An den meisten Unterkünften oder Restaurants kommen Sie sowieso direkt vorbei oder sehen zumindest ein kleines

Hinweisschild. Wir hatten auf unserer Wanderung keine Schwierigkeiten, die Unterkünfte/Restaurants zu finden. Ansonsten hilft dank des Roamings, das keine zusätzliche Kosten mehr verursacht, auch Google Maps weiter.

☺ Es empfiehlt sich, die Unterkünfte im Vorfeld auszusuchen und zu buchen. Sie können sich so sicher sein, einen Schlafplatz für die Nacht zu haben, und Sie wissen auch schon vor Reiseantritt, welche Kosten auf Sie zukommen. Am Zagoria-Trek gibt es in den meisten Orten eine große Auswahl von Unterkünften in jeder Preiskategorie und für jeden Geschmack. Die Unterkünfte haben entweder ihre eigene Homepage mit Informationen und Preisangaben oder sie sind bei Buchungsportalen wie 💻 booking.com zu finden.

Küchenzeilen zum Selbstkochen sind in den Standardzimmern nicht vorhanden. Lediglich wenn Sie ein Apartment oder ein Studio buchen, kann dieses über Kochmöglichkeiten verfügen. Aufgrund des guten Preis-Leistungs-Verhältnisses und der beschränkten Einkaufsmöglichkeiten bietet sich aus unserer Sicht aber sowieso ein Restaurantbesuch an.

Unser „Reich" im Saxonis Houses: Unten Entspannungsbereich oben Schlafzimmer (1. Etappe)

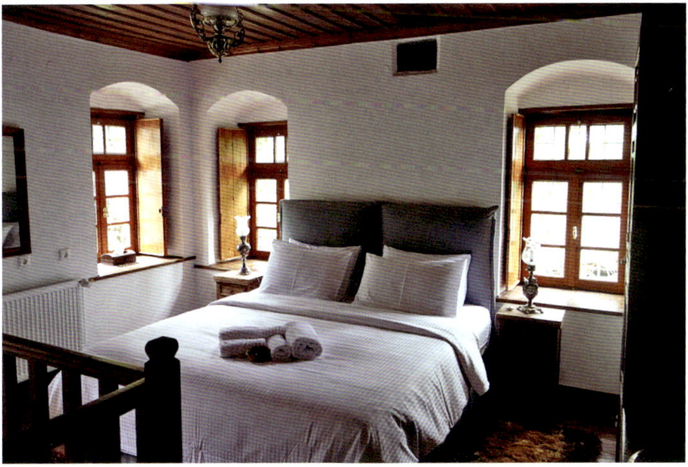

Vorschläge für Übernachtungsmöglichkeiten sind bei jeder Etappe aufgeführt. Neben den aufgelisteten Unterkünften gibt es noch weitere Anbieter, die meist aber nicht in unmittelbarer Nähe zum Zagoria-Trek liegen und daher außen vor gelassen wurden. Zu den Unterkünften, in denen wir übernachtet haben, gibt es jeweils eine Bewertung von uns.

☺ Mit Ausnahme der Astraka-Hütte war in jeder Unterkunft freies WLAN verfügbar.

Campingplätze

In und zwischen den Dörfern des Vikos-Aoos-Nationalparks gibt es keine offiziellen Campingplätze. Grundsätzlich ist nach den Regeln des Nationalparks Wildcampen auch nicht erlaubt. Dieses entspricht der Grundhaltung Griechenlands gegenüber Wildcampen. Allerdings sind die Griechen sehr gastfreundlich und wer höflich nachfragt, ob er auf dem Sportplatz oder auf privaten Grundstücken campen darf, wird mit hoher Wahrscheinlichkeit eine Zusage erhalten. Vor dem Hintergrund der meist günstigen Preise für Unterkünfte empfehlen wir jedoch, sich nach schönen Übernachtungsmöglichkeiten in Hotels/Pensionen umzuschauen. Weitere Informationen zum Campen finden Sie unter www.greececamping.gr.

Updates

Der Conrad Stein Verlag veröffentlicht Updates zu diesem Wanderführer, die direkt von den Autoren oder von Lesern des Buches stammen. Sie finden sie auf der Internetseite des Verlags (www.conrad-stein-verlag.de), wenn Sie dort diesen Buchtitel aufrufen. Der rechts abgebildete QR-Code führt Sie direkt zur richtigen Seite.

Verkehrsmittel

Busse

Wenn Sie den Zagoria Trek abkürzen und eine Etappe auslassen wollen, können Sie einen Bus nutzen. Die Busse fahren jedoch sehr selten, manchmal nur zwei Mal in der Woche. (Papigo wird beispielsweise nur zwei Mal die Woche von einem

Bus angesteuert.) Es hängen auch nirgendwo Busfahrpläne aus, weder in den Orten am Zagoria-Trek noch am Busbahnhof in Ioannina. Um die Abfahrtszeiten zu erfahren, können Sie Einheimische fragen. Beim Busbahnhof finden Sie immerhin Schalter, an denen man Ihnen Auskunft geben kann.

Eine Alternative zu den lokalen Bussen ist das private Busunternehmen von Rafting Ioannina aus dem Ort Aristi (📱 00 30/69 48 14 27 97), das Sie an Ihren Zielort bringt. Der Privatbus verfügt über 17 Sitzplätze.

Mietwagen

Ein Mietwagen ist dann von Vorteil, wenn Sie zeitlich gebunden sind und neben dem Zagoria-Trek noch weitere Erkundungen in Griechenland planen, beispielsweise den Aufstieg auf den Olymp oder die Besichtigung der Meteora-Klöster. Ihren Ideen sind dann keine Grenzen gesetzt. Kommen Sie am Flughafen Thessaloniki an, können Sie bereits ab dort den Mietwagen mieten. Die Fahrzeuge vieler bekannter Firmen (Avis, Sixt, Hertz etc.) stehen im Grunde vor den Toren des Flughafens. Ein kostenloser Shuttleservice bringt Sie zu dem großen Parkplatz mit allen Mietwagen. Einen Mietwagen einschließlich Versicherung gibt es ab ca. € 80/Woche. Zum Mieten sollten Sie zwischen 21 und 70 Jahre alt sein. Ist der Fahrer über 26 Jahre, kann der Preis günstiger werden. Ein nationaler Führerschein ist ausreichend.

Natürlich wird der Mietwagen während der Wanderungen nicht genutzt. Jedoch sind Alternativen mit öffentlichen Verkehrsmitteln rar und kosten deutlich mehr Zeit und Koordinationsaufwand. Zum Beispiel fährt kein Bus zum Parkplatz Priònia, wo der Aufstieg auf den Olymp beginnt. Sie könnten mit dem Bus bis nach Litochoro fahren, aber dann sind es noch rund 5 Std., bis Sie zu Fuß beim Parkplatz Priònia angekommen sind. Zusammen mit den ca. 3 Std. Aufstieg vom Parkplatz bis zur Hütte Spilios Agapitos wären es somit 8 Std. Sie bräuchten also den ganzen Tag Zeit. Beim Zagoria-Trek können Sie mit einem Mietauto den Startpunkt auf dem Rundwanderweg selbst wählen. Den Mietwagen können Sie für die Zeit der Wanderung meist bei den Unterkünften abstellen, dann haben die Betreiber einen Blick auf ihn. Haben Sie keinen Mietwagen, wären Sie im Grunde auf den Startpunkt Klidonia festgelegt, denn nur hier kommt mehrfach am Tag ein Bus aus Ioannina vorbei (☞ Busse). Das würde die Planung somit einschränken. Ob Sie sich für oder gegen einen Mietwagen entscheiden, hängt also davon ab, was Sie planen und wie wichtig Ihnen zeitliche Flexibilität ist.

Hinsichtlich Verkehrsregeln gelten das Rechtsfahrgebot sowie innerorts die Regelung „rechts vor links". Außerorts hat der Verkehr auf der Hauptstraße Vorfahrt. Die Geschwindigkeitsbegrenzung auf Autobahnen liegt bei 120 km/h, auf allen anderen Straßen außerhalb geschlossener Ortschaften bei 90 km/h und innerhalb geschlossener Ortschaften bei 50 km/h. Die Promillegrenze liegt bei 0,5.

Wanderpauschalen

Den Zagoria-Trek können Sie problemlos alleine laufen, selbst bei geringen Englisch- und Griechischkenntnissen. Wenn Sie die Planung aber gerne abgeben würden oder Ihr Gepäck nicht selbst tragen möchten oder können, gibt es folgende Anbieter:

▷ Wikinger Reisen (💻 www.wikinger-reisen.de) bietet eine Rundreise mit mehreren Wanderungen im Vikos-Aoos-Nationalpark, der Besichtigung der Meteora-Klöster und der Besteigung des Olymp-Gipfels Skilio (2.911 m) an. Die Reise dauert 15 Tage und kostet ab € 2.055 p. P. Im Preis enthalten sind der Flug, alle Übernachtungen, Halbpension, alle Transfers, Gepäcktransport bis auf wenige Ausnahmen sowie eine immer verfügbare deutschsprachige Reiseleitung.

▷ Beim Anbieter reise plus (💻 www.reiseplus.de) können Sie eine kurze Rundreise zum Olymp, zu den Meteora-Klöstern und zum Zagori buchen. Die Gehzeiten sind hier deutlich kürzer. Das Programm von acht Tagen gibt es ab € 999 p. P. Der Preis umfasst den Flug, alle Übernachtungen, Halbpension, alle Transfers, Eintritt und Führung beim Besuch der Meteora-Klöster, geführte Wanderungen und eine lizenzierte Reiseleitung.

▷ ASI Reisen (💻 www.asi-reisen.de) bietet ebenfalls eine Rundreise vom Vikos-Aoos-Nationalpark über die Meteora-Klöster zum Olymp an. Hier sind sieben Wanderungen mit dem Schwierigkeitsgrad 4 von 5 geplant. Die Rundreise dauert zehn Tage und kostet bei Buchung eines Doppelzimmers ab € 1.850 p. P. Im Preis enthalten sind der Flug, die Unterkünfte, die Verpflegung (nahezu Vollverpflegung), alle Transfers sowie die Betreuung durch einen Bergwanderführer.

▷ Über Hagen Alpin Tours (💻 www.welt-weit-wandern.de) können Sie ebenfalls den Vikos-Aoos-Nationalpark, die Meteora-Klöster und die

Gipfel des Olymps kennenlernen. Die Reise dauert acht Tage und kostet im Doppelzimmer ca. € 1.350 p. P. Im Preis enthalten sind der Flug, die Unterkünfte, Halbpension, alle Transfers, ein Deutsch sprechender Wanderführer und eine Wanderurkunde.

▷ Für den Olymp allein bietet Wikinger Reisen ebenfalls seine Unterstützung an. Die achttägige Reise ist jedoch mit dem Mietwagen selbst durchzuführen. Wikinger Reisen organisiert nur die Buchung der Unterkünfte und des Mietwagens. Der Flug ist individuell hinzuzubuchen. Das Paket gibt es ab € 638 p. P.

Wegmarkierung

Der Zagoria-Trek ist – abgesehen vom Ende der 3. Etappe – insgesamt gut ausgeschildert. In regelmäßigen Abständen und an fast allen Abzweigungen finden Sie rote Punkte, Striche oder Pfeile (Dreiecke) auf weißen Schildern oder das rote Zeichen für den O3-Wanderweg. Der nationale Bergwanderweg O3 startet am

An dieser Stelle ist die Wegmarkierung gut sichtbar (3. Etappe)

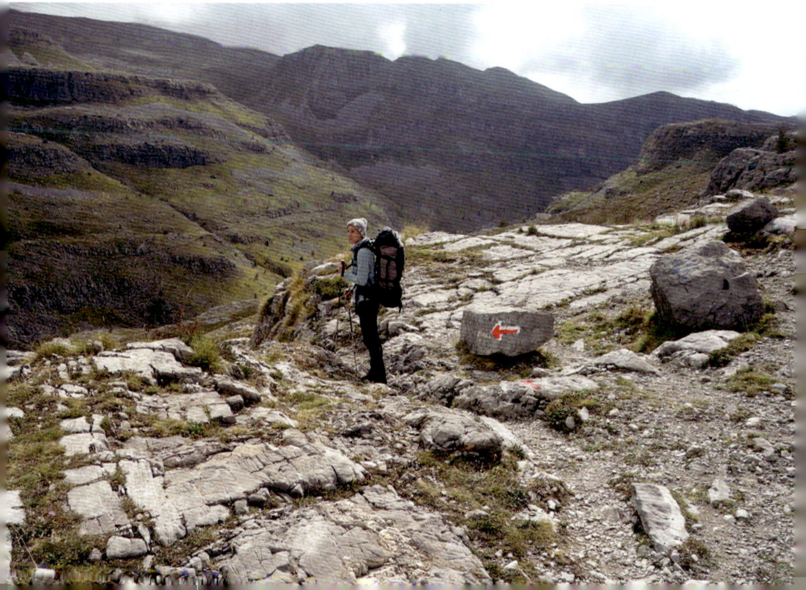

Nordufer des Sees in Ioannina und führt über das Bergmassiv Mitsikeli durch die Vikos-Schlucht (6. Etappe) über Papigo zum Tymfi-Massiv (2. Etappe) und von dort über die Dörfer Vrisohori und Pades zum Smolika-Massiv. Der Weg endet beim Berg Gramos an der albanischen Grenze im Norden Griechenlands.

Es empfiehlt sich, aufmerksam zu sein und dieses Buches nicht gänzlich außer Acht zu lassen. Wenn Sie über eine halbe Stunde keine Markierung gesehen haben, könnte es möglich sein, dass Sie vom Weg abgekommen sind. Genauere Informationen zu der Ausschilderung sowie Hinweise zu Besonderheiten und den entsprechenden Orientierungspunkten, die helfen, auf dem Weg zu bleiben, finden Sie bei den jeweiligen Etappen.

Zeit

In Griechenland gilt die osteuropäische Zeit OEZ (engl. Eastern European Time, EET), die von unserer mitteleuropäischen Zeit (MEZ) um 1 Std. abweicht. Die Umstellung von Winter- auf Sommerzeit erfolgt in Griechenland am selben Tag wie in Deutschland. Wenn es in Deutschland 12:00 ist, ist es in Griechenland bereits 13:00.

Zoll

Die Einfuhr von Waffen, Drogen, Fleisch-, Geflügel- und Molkereiprodukten sowie frischem Gemüse ist verboten.

Grundsätzlich können bereits in der EU versteuerte Produkte problemlos mitgeführt werden, wenn diese zum Eigenbedarf, also nicht für kommerzielle Zwecke, gedacht sind. Für den Eigenbedarf gelten folgende Richtmengen:

EU-Länder

Tabakwaren:

- ▷ 800 Zigaretten
- ▷ 400 Zigarillos
- ▷ 200 Zigarren
- ▷ 1 kg Rauschtabak

Alkoholische Getränke:

- ▷ 10 l Spirituosen (z. B. Whiskey, Gin, Wodka)
- ▷ 90 l Wein (davon höchstens 60 l Schaumwein/Sekt)
- ▷ 110 l Bier

Nicht alkoholische Getränke:

- ▷ 10 kg Kaffee

Für Reisende unter 17 Jahren gilt diese Steuerbefreiung nicht. Für Einkäufe aus Nicht-EU-Ländern und für Duty-Free-Shop-Produkte gelten geringere Mengen, zum Beispiel bei der Schweiz.:

Nicht-EU-Länder

Tabakwaren:

- ▷ 200 Zigaretten oder
- ▷ 100 Zigarillos oder
- ▷ 50 Zigarren oder
- ▷ 250 g Rauschtabak oder
- ▷ eine anteilige Zusammenstellung dieser Waren

Alkoholische Getränke:

- ▷ 1 l alkoholische Getränke mit mehr als 22 % Vol. oder
- ▷ 2 l andere alkoholische Getränke mit höchstens 22 % Vol.
- ▷ oder eine anteilige Zusammenstellung dieser Waren und
- ▷ 4 l nicht schäumende Weine und
- ▷ 16 l Bier

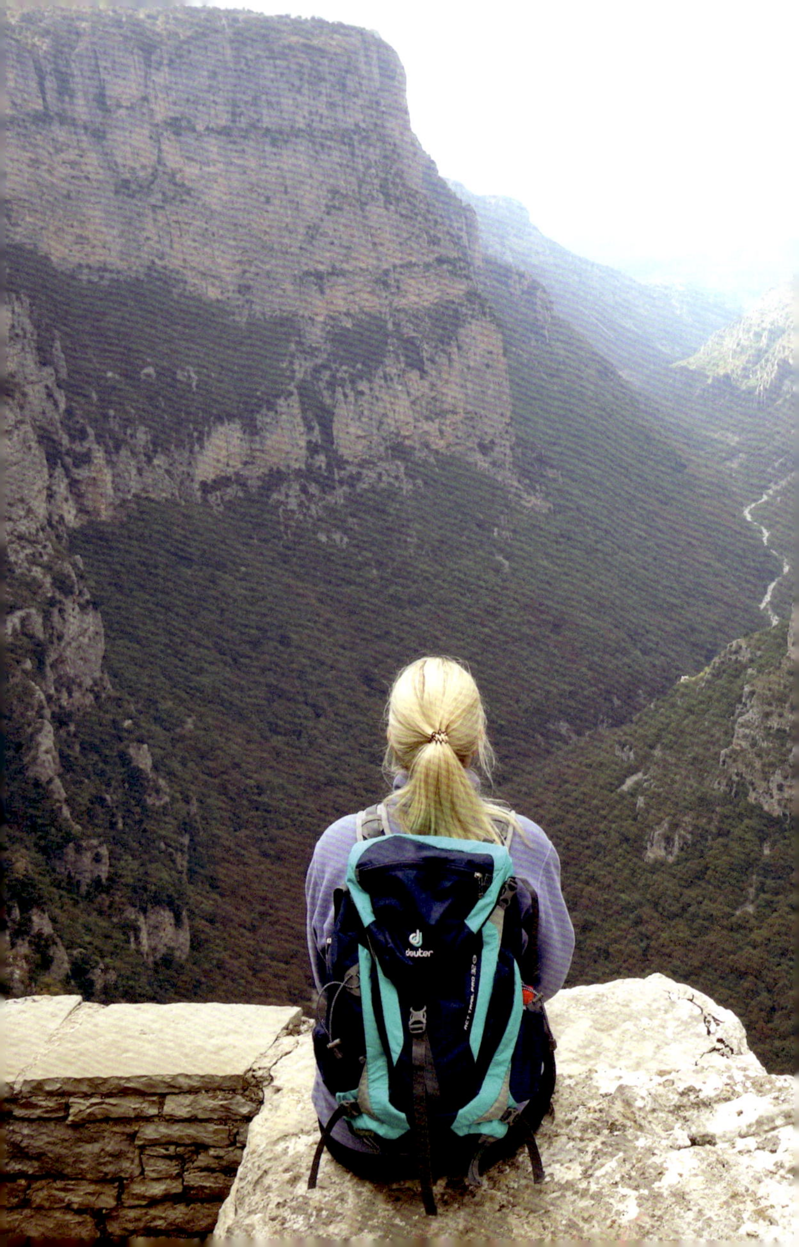
deuter

Der Zagoria-Trek in 7 Etappen

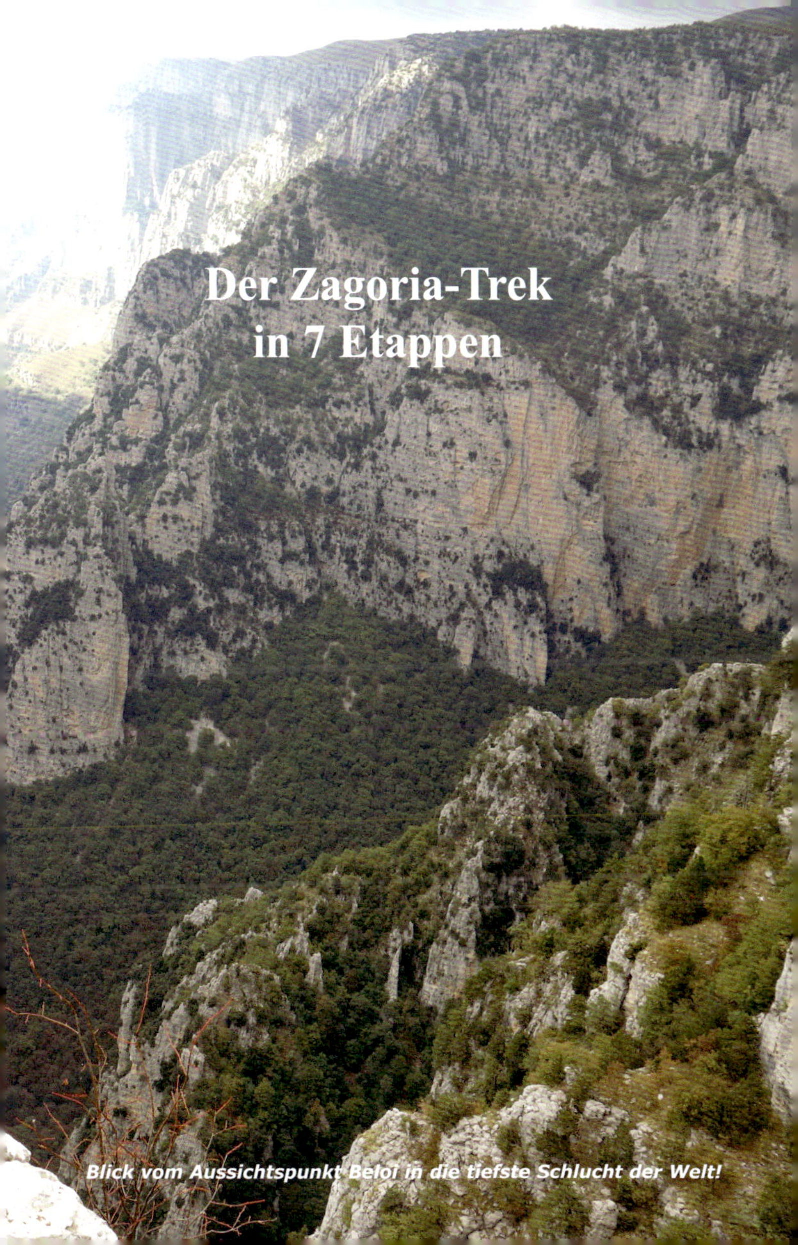

Blick vom Aussichtspunkt Beloi in die tiefste Schlucht der Welt!

Klidonia

Die Schreibweise des Ortes kann Klidonia, Klidhonia oder Kleidonia sein. Wir verwenden die Schreibweise Klidonia, da es so auf dem Ortseingangsschild geschrieben wurde.

Ortsschild Klidonia

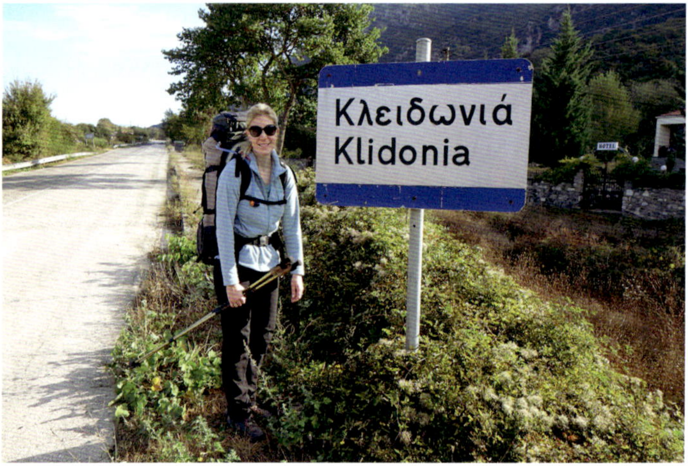

Hotel Faraggi, 2 Sterne, ☏ 00 30/265 50/220 54, www.faraggi.gr, info@faraggi.gr, 1,4 km vom Startpunkt der Wanderung entfernt, ÜF im DZ ab € 45, ganzjährig. Das Hotel Faraggi eignet sich gut als Ausgangspunkt für die Wanderung, auch wenn es nicht direkt am Zagoria-Trek liegt. Das Hotel hat einen eigenen Parkplatz direkt vor dem Haus, wo Sie Ihren Mietwagen während der Wanderung stehen lassen können. Im Erdgeschoss des Hotels gibt es ein Wohnzimmer und einen großzügigen Essbereich, in dem das Frühstück am Tisch serviert wird. Das Frühstück besteht meistens aus Brot, Wurst, Käse, Kuchen, Fetakuchen, Joghurt und Tee oder Kaffee. Die Zimmer in der ersten Etage sind sauber und einfach. Im Schrank gibt es zusätzliche Decken, wenn Ihnen die normale Decke nicht ausreicht. Unser Zimmer hatte einen kleinen Balkon mit Blick in den Garten. Den WLAN-Code erhalten Sie an der Rezeption. Hinten im großen Garten gibt es einen Hund im Zwinger, der bei unserem Besuch aber nicht frei herumlief. Das Hotel wird von zwei

Generationen geleitet. Die Eltern verstehen sehr wenig Englisch, die Tochter dagegen versteht es gut. Insgesamt sind die Gastgeber sehr höflich.

Hotel Spiridoula, 2 Sterne, ☏ 00 30/265 50/250 50, www.hotelspiridoula.gr, hotelspiridoula@gmail.com, 750 m vom Startpunkt der Wanderung entfernt, ÜF im DZ ab € 60, ganzjährig. Zum Hotel gehört ein großer Hund (vermutlich Boxer).

♦ Hotel To Xani, 2 Sterne, ☏ 00 30/265 50/245 67, www.xanihotel.gr (nur auf Griechisch, hier hilft beispielsweise der Google Übersetzer), info@xanihotel.gr, 400 m vom Weg entfernt (gegenüber der Shell-Tankstelle), ÜF im DZ € 60 bis 120

Shell, ☏ 00 30/26 550/229 35, keine festen Öffnungszeiten. Im Tankstellengebäude befindet sich auch ein kleiner Shop mit dem Nötigsten.

☏ 00 30/265 10/250 14, www.ktelioannina.gr

Rafting, Schluchtenwandern, Christos Nikolaou, 00 30/69 37 66 77 99, www.active-nature.gr/el/archiki/, info@active-nature.gr, spricht Englisch

Klidonia ist der Ausgangspunkt Ihrer Wanderung im Vikos-Aoos-Nationalpark. Der Ort besteht aus einem neueren Dorfkern am Fuß des Berges und dem ursprünglichen Dorf auf dem Berg in 880 m Höhe. Vor dem Start der Reise bietet sich der Besuch der wunderschönen Rundbogenbrücke von Klidonia an. Diese befindet sich südlich vom Hotel Faraggi in rund 750 m Entfernung.

1. Etappe: Klidonia – Papigo (Κλειδωνιά – Πάπιγκο)

10,2 km, 5 Std., ↑ 805 m, ↓ 296 m, ⇧ 419-1.035 m

0,0 km	⇧ 420 m	Kirche von Petrov und Pavlou (Εκκλησία Πέτρου & Παύλου), Klidonia
2,7 km	⇧ 879 m	Agios Athanásios (Άγιος Αθανάσιος)
3,2 km	⇧ 885 m	Gemeindekirche (Ko ímesis tes Thotókoy) in Ano Klidonia
3,6 km	⇧ 885 m	Weggabelung mit Abzweig zu den Klöstern
5,4 km	⇧ 973 m	Funkturm
8,7 km	⇧ 936 m	Schrein
9,7 km	⇧ 947 m	Agios Athanásios (Άγιος Αθανάσιος)
10,2 km	⇧ 929 m	Papigo

Vom „neuen" Klidonia führt Sie der Weg über ein kurzes Stück Straße zu einem unbefestigten Weg durch den Wald. Nach einem sportlichen Anstieg erreichen Sie das „alte" Klidonia (Ano Klidonia) und erkunden die dortigen Kirchen. Anschließend setzen Sie Ihren Weg fort, orientieren sich am Funkturm und genießen weiterhin die großartigen Ausblicke auf das Astraka-Massiv. Am Ende der Etappe führen Sie die ersten klassischen Treppenstufen (Skala) hinab zum Zielort Papigo. Insgesamt ist die Strecke gut markiert (rote Markierung – Punkte/Striche/Pfeile) und vom Schwierigkeitsgrad mittel.

Der Weg beginnt im „neuen" Klidonia. Der Ort macht keinen neuen Eindruck, allerdings wurden zunächst Häuser weiter oben auf dem Berg gebaut und so heißt dieser ältere Ortsteil auf dem Berg nunmehr Ano Klidonia (*ano* = alt) und der Ort im Tal nur Klidonia oder „neues" Klidonia.

Ein konkreter Startpunkt für den Zagoria-Trek ist nicht markiert. Es empfiehlt sich – je nach Unterkunft –, auf der Hauptstraße EO Kozanis Ioanninon in Richtung des „Zentrums" von Klidonia zu wandern. In Sichtweite einer verlassenen Tankstelle (nicht die große Shell) wird eine Seitenstraße gekreuzt, an welcher sich ein Fußgängerüberweg (Zebrastreifen) und ein Café (ΚΑΦΕ) mit dem Namen Ahexia (Αhεζia) befinden. Vor dem Café steht ein großer Baum. In der hinteren Ecke des Platzes vor dem Café befinden sich auch drei helle Gedenksteine für die Gefallenen aus den Jahren 500 bis 1940 n. Chr. Biegen Sie in die Straße mit dem Café ein, dann sehen Sie zu Ihrer Linken einen kleinen Spielplatz und einen Unterstand mit roten Ziegeln, in dessen Mitte sich ein Wasserhahn befindet und Ihnen die Möglichkeit bietet, Ihre Wasservorräte aufzufüllen. Der Straße folgen Sie nun und sehen auf der rechten Seite eine renovierungsbedürftige Kirche aus hellen Steinen mit roten Rundbögen und einem Glockenturm mit blauer Kuppel. Die Kirche heißt Kirche von Petrov und Pavlou (Εκκλησία Πέτρου & Παύλου).

An dieser Kirche beginnt Ihre Wanderung durch den Vikos-Aoos-Nationalpark. Der Einstieg in den Wanderweg ist nicht gut markiert und daher nicht ganz einfach zu finden. Direkt nach der Kirche führt ein asphaltierter Weg rechter Hand an der Kirche entlang. Diesem folgen Sie einen kurzen Abschnitt von ca. 100 m, halten sich am Ende kurz links und kommen dann wieder auf die größere Straße. Sie steigt an und nach rund 70 m erreichen Sie eine erste kleine Quelle zu Ihrer Linken. Sie bleiben auf der Straße, die immer weiter leicht ansteigt, und nach weiteren ca. 60 m erreichen Sie zu Ihrer Linken zunächst eine Steinmauer und später

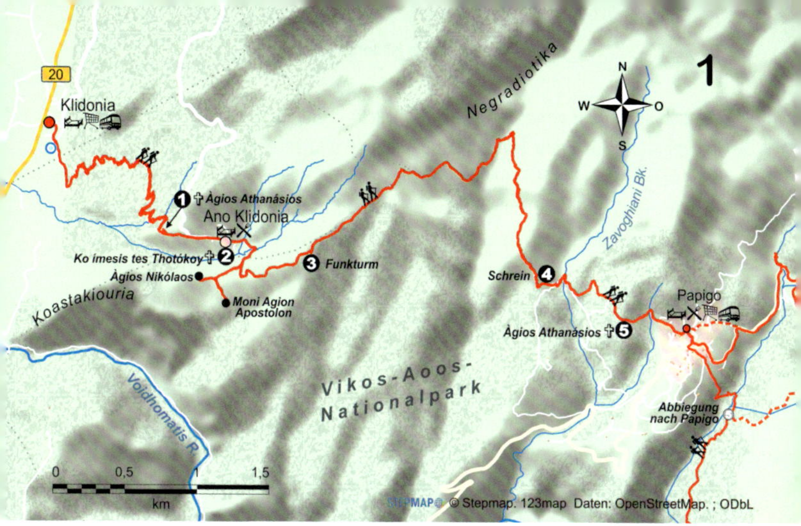

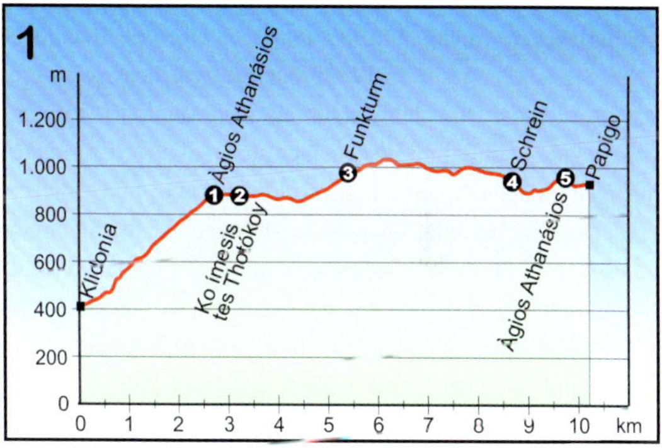

dann ein weißes Haus mit rotem Wellblechdach. Nach diesem Haus finden Sie rechts im Grünstreifen einen Metallpfahl mit roter Markierung – die erste Markierung des Weges. Es folgt eine ummauerte Quelle mit einem Wasserhahn auf der linken Seite. Der Weg steigt weiter an und Sie passieren zwei Strommasten mit rotem Punkt zur Rechten. Dass Sie auf dem richtigen Weg geblieben sind, zeigt Ihnen anschließend ein roter Punkt direkt auf der Straße. Nach diesem Punkt biegen Sie links auf einen asphaltierten Weg mit Rillen ab. Auf zwei Steinen zur Linken sind ein gelber Punkt mit roter Umrandung und ein oranger Pfeil zu sehen.

Danach sehen Sie einen Strommast mit gelb-orangem Pfeil links neben dem Weg. Rechts steht das erste Haus mit Steinmauer und schwarzem Metalltor. Anschließend folgt ein weiteres Haus mit Steinmauer und schwarzem Metalltor. Neben diesem Tor finden Sie die Hausnummer 196. Der Asphaltweg endet und es folgt ein Grasweg, auf dem Sie sich leicht links halten. Ein roter Doppelpfeil rechts auf einer Steinmauer weist Ihnen den Weg. Den Einstieg in den Zagoria-Trek haben Sie gemeistert! Ab jetzt ist der Weg in regelmäßigen Abständen mit roter Farbe gut sichtbar markiert worden. Vor allem auf Steinen finden Sie rote Punkte oder Pfeile.

Sie kommen an Wasserschläuchen und Wasserleitungen vorbei, die ins Tal führen. Zu Ihrer Linken sehen Sie nach den ersten steileren Anstiegen einen sehr großen Felsbrocken auf einem Betonsockel. Nach weiteren ca. 40 m erreichen Sie eine Kirche, von der zunächst vor allem der Glockenturm mit seinen zwei übereinanderstehenden Bögen sichtbar ist. Die Bögen sind zum Teil weiß-rot gestrichen. Als wir bei der Kirche ankamen, war das weiße Eingangstor verschlossen, daher konnten wir sie uns nicht näher ansehen. Der Wanderweg führt an der Kirche vorbei und weitere Steine mit roten Punkten zeigen die Richtung an, in der es weitergeht. Sie kommen an ein Wasserbecken, von dem schwarze und blaue Wasserschläuche in die Umgebung abführen. Der Weg führt links um dieses herum. Er ist von Steinen gesäumt und selbst auch steinig. Die roten Punkte folgen in sehr regelmäßigen Abständen, wodurch die Orientierung nun einfacher ist. Des Weiteren entdecken Sie bei möglichen Alternativwegen kleine Steinreihen oder abgeschnittenes Geäst, das dem Wanderer symbolisieren soll, dass dieser Weg keine Option ist. Zum Teil führt der Weg durch Strauchwerk, das über den Wanderweg ragt.

Sie kommen nach rund 450 m zu einem Strommast, an dem sich ein roter Punkt und zwei rote, nach links zeigende Pfeile befinden. Sie folgen dem Wanderweg also nach links. Anschließend laufen Sie wieder den roten Punkten auf den Steinen oder Bäumen nach. Es folgen kleine Serpentinen. Hier finden Sie in roter Farbe die Wegführung nachgemalt, die einem liegenden V ähnelt. Anschließend sehen Sie einen weiteren Stein, der die Wegführung nachbildet. Er sieht aus wie ein Blitz und bedeutet, dass Sie auf Ihrem Weg erst nach links und danach nach rechts abbiegen müssen. Durch die überwundenen Höhenmeter haben Sie einen immer schöner werdenden Ausblick über Klidonia und die Umgebung. Sie erreichen nach weiteren rund 1 km einen Schrein aus Stein zu Ihrer Linken, der auch mit einem roten Punkt gekennzeichnet ist. Es folgt die bekannte Kombination aus roten Punkten, roten Pfeilen und Höhenmetern.

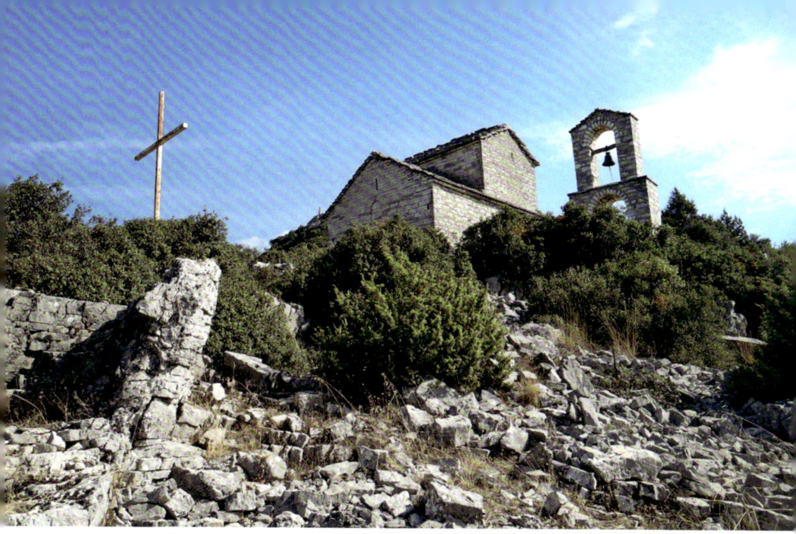

Kirche kurz vor Erreichen von Ano Klidonia - Agios Athanásios

Nach insgesamt rund 2,4 km und 400 Höhenmetern verlassen Sie den Wald und sehen zu Ihrer Linken die Kirche Agios Athanásios (Άγιος Αθανάσιος) ❶ mit hellem Kreuz und Glockenturm. Nach dem Aufstieg bietet sich hier ein Moment der Ruhe an. Die kurze Erholung kommt gelegen, können Sie doch während des Trinkens die großartige Aussicht hinab vom Berg genießen. Die Kirche, die im Jahr 1617 erbaut wurde, zeigt an, dass Sie Ano Klidonia (Άνω Κλειδωνιά) erreicht haben. Das Dorf war sehr lange verlassen. Heute wohnt dort immerhin eine Handvoll Personen.

Neben der Kirche Agios Athanásios führt ein breiter Schotterweg in das alte Klidonia hinein. Ein Stein auf der linken Seite mit rotem Punkt bestätigt, dass Sie richtig sind. Der Schotterweg wird zum gepflasterten Weg und Sie halten sich geradeaus und biegen nicht nach links ab. Zu Ihrer Rechten erscheinen eine Steinmauer und anschließend ein weißes Steinhaus mit einem großen Ofen-/Kaminrohr an der Seite. Es handelt sich um eine kleine, familiäre Unterkunft mit angeschlossenem Restaurant (φιλοξενώνας ζαγορι – Filoxenonas Zagori). Zur Unterkunft gehörten während unseres Besuches drei friedliche und neugierige Hunde, die sich so sehr über Wanderer freuen, dass sie am liebsten mit ihnen mitwandern. Der Besitzer ist daher bemüht, die Hunde ins Haus zu bringen, wenn Wanderer vorbeikommen, da sie ihnen tatsächlich einfach folgen würden.

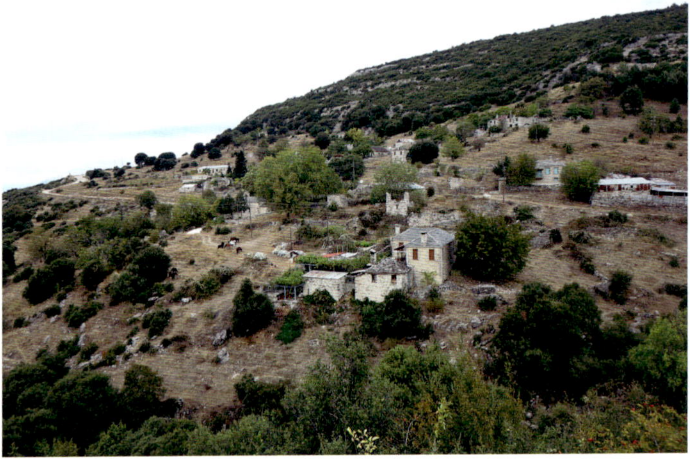

Das Dorf Ano Klidonia

Ano Klidonia

🛏 ✕ Filoxenonas Zagori, Hostel, ☎ 00 30/265 50/248 73, 💻 www.filoxenonaszagori.gr, ✉ filoxenonaszagori@yahoo.gr, am Weg, ÜF im DZ ab € 40, ganzjährig. Das Restaurant ist bei Bedarf geöffnet.

Neben dem weißen Steinhaus und seinen Holzbänken steht die Gemeindekirche (Ko ímesis tes Thotókoy), die ebenfalls aus dem 17. Jahrhundert stammt ❷.

Wenn Sie an der Unterkunft vorbeigehen, dann gelangen Sie auf einen Schotterweg, der aus dem Dorf hinausführt. Von hier aus liegen noch rund 6 km direkter Weg nach Papigo vor Ihnen. Sie kommen zu einer Holztafel, auf der der Zagori-Nationalpark und einige Wanderwege eingezeichnet sind. An der nächsten Rechtskurve befindet sich ein kleines Steinhäuschen mit einer Wasserquelle auf der linken Seite.

Nach insgesamt ca. 3,6 km und somit kurz nach dem kleinen Steinhäuschen mit der Wasserquelle gelangen Sie an eine Weggabelung. Für den direkten Weg nach Papigo halten Sie sich links. Wenn Sie Lust auf historische Sakralbauten haben, können Sie dem rechten Weg folgen. Dort treffen Sie nach weiteren rund

220 m auf die nächste Gabelung. Der Weg links führt nach etwa 220 m zur Moni Agion Apostolon, einer Klosteranlage, die 1662 errichtet wurde. Der Weg nach rechts bringt Sie nach rund 130 m zur Agios Nikólaos, also der Kirche des heiligen Nikolaos, die 1620 erbaut wurde. Beide machten allerdings einen verfallenen Eindruck und waren jeweils verschlossen. Nach der Erkundung der Gotteshäuser kehren Sie auf dem Weg, auf dem Sie gekommen sind, wieder zurück und gehen bis zur vorherigen, ursprünglichen Weggabelung.

Dort befindet sich links ein Stück oberhalb des Weges ein kleiner Metallstab mit weißem Schild, auf dem ein roter Pfeil zu sehen ist. Sie können der Markierung über den Hügel folgen oder auf der breiten Schotterstraße bleiben. Der links abgehende Weg führt wieder zurück auf die Schotterstraße, daher sind wir auf der angenehm zu gehenden Straße geblieben. Kurz danach kommen Sie zur nächsten Weggabelung. An dieser halten Sie sich ebenfalls links und folgen dem gut sichtbaren Schotterweg. Den nächsten Orientierungspunkt erreichen Sie rund 750 m nach der Gabelung. Ein Funkturm ❸ zeigt Ihnen an, dass Sie den richtigen Weg nicht verlassen haben. Hinter dem Funkturm befindet sich eine Steinkirche. Da sie umzäunt und das Tor abgeschlossen ist, lässt sie sich allerdings nicht näher betrachten. Es folgt eine große Eiche zur Linken und eine weitere Steinkirche ohne Zaun. Der Weg wird zwischenzeitlich recht schmal. Sie sind nun hoch genug, um wunderschöne Ausblicke auf das Astraka-Massiv genießen zu können. Links neben dem Massiv sehen Sie einen weiteren Hügel. Auf dem Sattel zwischen diesem Hügel und dem Astraka-Massiv befindet sich die Astraka-Hütte, die Sie am zweiten Tag der Wanderung erreichen werden. Mit bloßem Auge ist sie schwer zu erkennen. Genauer sehen Sie die Hütte mit gutem Fotozoom oder einem Fernglas. Am anderen (rechten) Ende des Astraka-Massivs befindet sich die Vikos-Schlucht. Auf diese Schlucht haben Sie von hier aus ebenfalls traumhafte Blicke.

Der Funkturm ist eine gut sichtbare Markierung für den Weg nach Papigo

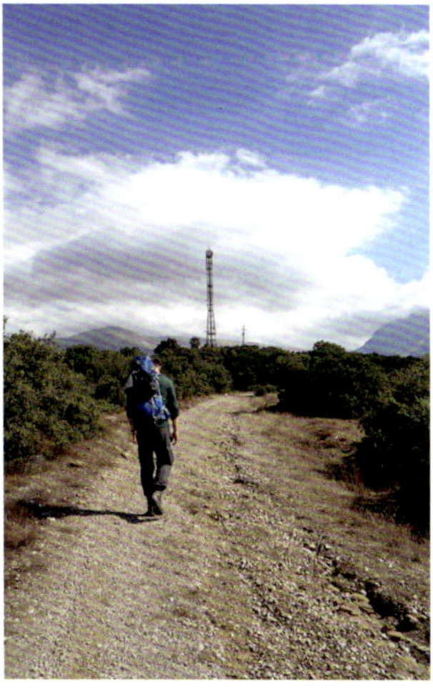

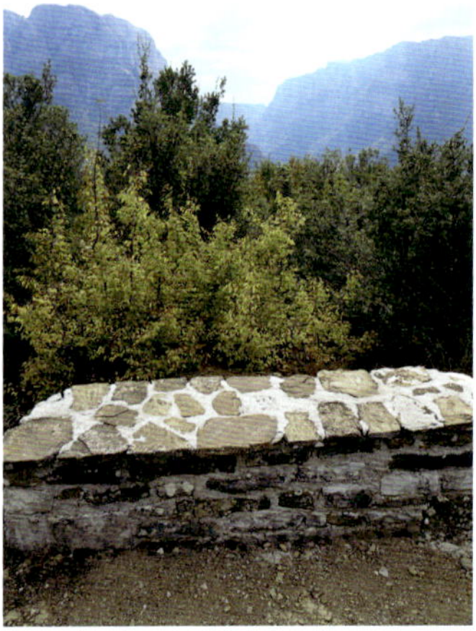

Steinbank mit Blick in die Vikos-Schlucht

Es folgen weitere Wegweiser auf Steinen und an den Bäumen, bis Sie zu einer steinernen Mauer kommen, die als Bank dient und auf der Sie pausieren können. Danach sehen Sie ein verwittertes Schild, auf dem in griechischer Schrift „Klidonia" geschrieben steht. Das Schild markiert also die Richtung, aus der Sie gekommen sind. Sie bleiben anschließend auf dem Weg, der leicht bergab führt, und biegen nicht nach links ab. Der Wanderweg verläuft leicht auf und ab, mit immer wieder wunderschönen Ausblicken auf den Astraka und die Vikos-Schlucht. Sie erreichen einen steinigen Abschnitt des Weges. Danach geht es mehrere Steintreppen hinauf.

Nach den Treppen folgen Sie weiter dem schmalen Weg, der stetig an Höhenmetern verliert. Der Weg führt an einem Schrein mit einem Dach aus Schiefer ❹ vorbei, der mit einem roten Punkt markiert ist. Im Schrein befinden sich Bilder von Heiligen. Der Weg führt dahinter weiter bergab. Sie erreichen Ihre ersten Steintreppen (Skala) auf der Reise und folgen ihnen hinab. Als Nächstes gelangen Sie auf einen breiteren Schotterweg. Am Weg befinden sich weitere weiße Schilder mit roten Pfeilen. Sie folgen dem Weg immer geradeaus weiter und biegen nicht von ihm ab. Dann kommen Sie zum ersten Vorboten von Papigo, der Kirche Agios Athanásios (Άγιος Αθανάσιος) ❺, die wie die Kirche in Klidonia dem heiligen Athanasios gewidmet ist. Gleich hinter der Kirche haben Sie einen schönen Blick auf Megalo Papigo und das etwas höher gelegene Mikro Papigo dahinter. Der Schotterweg führt Sie zu einer Holztafel mit Wanderkarte. Ab hier ist der Weg wieder gepflastert. Er führt in den wunderschönen Ort Megalo Papigo hinein. An den Steinmauern finden Sie ab und zu rote Markierungen. Die Straße führt an mehreren Unterkünften vorbei und Sie erreichen einen zentralen Platz des Ortes, an dem sich ein großer Baum, eine Infostelle über den Vikoos-Aoos-Geopark sowie die Restaurants Astraka und Aris und das Café Koulis befinden. Mit diesem Platz haben Sie den Endpunkt der heutigen Etappe erreicht.

Wenn Sie eine Unterkunft in Mikro Papigo gebucht haben, müssen Sie noch 2,5 km weitergehen (☞ 2. Etappe).

Papigo

Die Schreibweise des Ortes kann Papigo, Papigko oder Papingo sein. Wir verwenden die Schreibweise Papigo, die auch vor Ort auf Schildern zu lesen ist.

Megalo Papigo

Astra Inn, ☎ 00 30/265 30/421 08, www.astra-inn.gr, papigotsoumanis@hotmail.com, am Weg, ÜF im DZ ab € 110, ganzjährig, Restaurant: je nach Bedarf. Die Speisekarte des Astra Inns besteht vor allem aus lokalem, gesundem Essen. Die Preise liegen daher etwas höher als bei den meisten anderen Restaurants.

Saxonis Houses (Pension mit ein paar Zimmern), 00 30/693 715 1624, www.saxonis-papigo.gr, info@saxonis-papigo.gr, direkt am Weg, ÜF im DZ ab € 80, Mai bis Oktober. Die Unterkunft ist ein Traum! Der Garten ist liebevoll gestaltet und überall blüht etwas. Von der Terrasse haben Sie einen schönen Blick auf Papigo und Umgebung. Unser Zimmer war sehr großzügig und modern. Wir wären gerne noch viel länger geblieben. Das Frühstück wird vom Gastgeber selbst zubereitet, es gibt u. a. Brot, Wurst, Käse, Pfannkuchen mit Sirup, Obst und Fetakuchen nach dem traditionellen Familienrezept. Der Gastgeber ist sehr nett und teilte im Gespräch mit, dass er aus Athen komme, sich in Papigo und dieses Haus jedoch verliebt habe und daher bereit war, alles aufwendig zu renovieren. Die Renovierungen sind abgeschlossen und die Liebe zum Haus ist überall sichtbar.

♦ Papaevangelou Hotel, ☎ 00 30/265 30/411 35, www.hotelpapaevangelou.gr, info@hotelpapaevangelou.gr, rund 400 m vom Weg entfernt, ÜF im DZ ab € 85, ganzjährig. Das Hotel ist bei Booking.com mit 9,8 von 10 Punkten bewertet und die hat es auch verdient! Die gesamte Anlage aus mehreren Häusern ist sehr gepflegt. Überall stehen Blumen und Stühle zum Entspannen. Das Hotel liegt etwas höher als die meisten anderen Häuser in Papigo, daher bietet es eine besonders gute Sicht auf den Ort und das Felsmassiv. Vom Besitzer erhielten wir ein kostenloses Upgrade vom Doppelzimmer zum Studio. Das Studio war riesig und hatte zwei Doppelbetten neben einem Kamin, eine Küche mit zusätzlicher Essecke und ein geräumiges Bad. Alles war sauber und liebevoll eingerichtet. Der Besitzer ist sehr höflich und versucht jedem Gast den schönsten Aufenthalt zu bieten, den er sich vorstellen kann. Früher war der Besitzer Pilot, dann kehrte er nach Papigo zu seinen Eltern zurück und renovierte mit viel Einsatz die Gebäude, sodass jetzt eines der schönsten Hotels des Ortes entstanden ist. Das Frühstück wird am Tisch serviert. Es gibt u. a. Brot, Wurst, Käse, Obst und Kuchen.

- Xenonas/Guesthouse I/Hotel Astraka, ☏ 00 30/265 30/416 93, hotelastraka@gmail.com, 200 m vom Weg entfernt, ÜF im DZ ab € 60, ganzjährig
- Hotel Kaiti, Frau Kleoniki Papacosta, ☏ 00 30/265 30/411 18, www.hotelkaiti.com, am Weg, Ü (ohne Frühstück) im DZ ab € 70, ganzjährig
- Hotel Pantheon, 3 Sterne, ☏ 00 30/265 30/414 11, pantheon.hotel@gmail.com, 300 m vom Weg entfernt, ab zwei Nächten buchbar, ÜF im DZ für zwei Nächte ab € 160, ganzjährig
- ✕ Restaurant Aris, 00 30/69 74 10 82 21, grundsätzlich von 11:00 bis 23:00, aber zwischen dem Mittag- und Abendessen noch einmal für mehrere Stunden geschlossen. Das Restaurant hat eine gute Auswahl an Speisen. Die Vor- und Hauptspeisen, die wir bestellten, waren von der Portion her großzügig und sehr lecker. Die Einrichtung ist äußerst geschmackvoll und ein offener Kamin sorgt an kälteren Tagen für einen besonders schönen Aufenthalt. Wir können das Restaurant aufgrund seines guten Preis-Leistungs-Verhältnisses sehr empfehlen.
- Astraka Restaurant & Snack Bar, ☏ 00 30/265 30/420 34, grundsätzlich von 8:30 bis 23:30, aber zwischen dem Mittag- und Abendessen noch einmal für mehrere Stunden geschlossen. Das Restaurant schließt eventuell auch zwischendurch, wenn es gerade nicht genug Kundschaft gibt. Die Speisekarte ist vielfältig und der Besitzer, der auch gleichzeitig Koch ist, probiert gerne mal etwas Neues aus. Der Vater des Kochs heißt Babi und hat zwischenzeitlich mehrere Jahre in Deutschland gearbeitet. Er spricht daher sehr gut Deutsch und kann die Speisen auf der Karte gut erläutern. Sein Sohn spricht hauptsächlich Englisch, versteht Deutsch jedoch sehr gut. Das Essen und der Wein in diesem Restaurant sind ebenfalls zu empfehlen, die Portionen großzügig und die Preise angemessen.
- Restaurant Adriano, ☏ 00 30/265 30/250 14, www.adrianopizzaandpasta.business.site, Montag und Dienstag geschlossen, Mittwoch bis Freitag 18:00 bis 23:30, Samstag 13:30 bis 23:30, Sonntag 13:30 bis 23:00, italienisches Restaurant
- Restaurant Konaki, griechisches Restaurant, 00 30/69 37 47 51 45, www.papigo-konaki.gr/index.php/el/konaki-papigo-restaurant (ausschließlich auf Griechisch), tsoumanikonaki@hotmail.com, je nach Bedarf

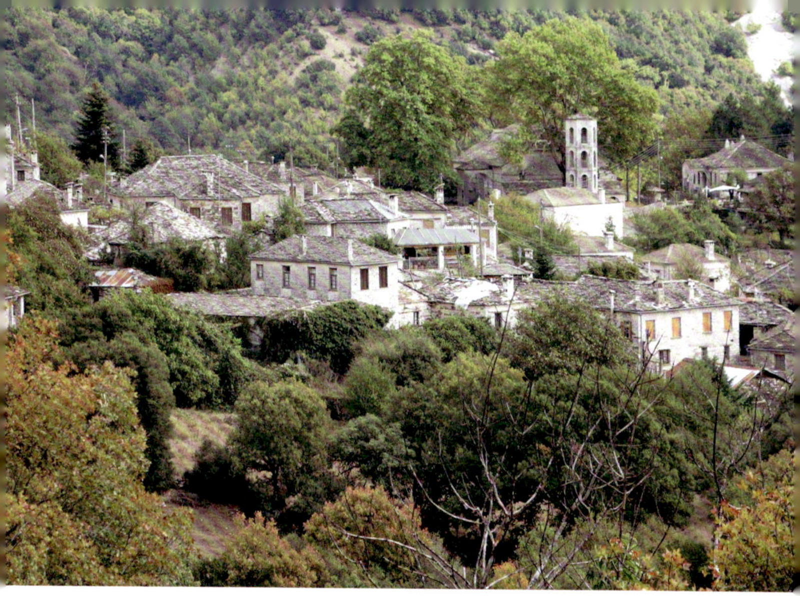

Papigo und sein achteckiger Turm

Café Το Καφενείο του Κούλη, gegenüber dem Restaurant Astraka, 00 30/69 32 66 42 32, 9:00 bis 13:00

Der Gemischtwarenladen Κουκουνάρι Πάπιγκο befindet sich schräg gegenüber dem Astra Inn. Der kleine Laden ist nur mit dem Nötigsten ausgestattet. in der Saison, also Juni bis August, täglich ab 9:00 und so lange, wie Bedarf besteht

♦ Im Ort gibt es außerdem noch den hübschen Souvenirladen Ronkobó.

BANK Direkt daneben befindet sich ein ATM (Geldautomat). Einen zweiten ATM finden Sie neben dem Restaurant Nick & Julia.

Laut dem Besitzer des Astraka Restaurants fährt zwei Mal die Woche ein Bus von Ioannina nach Papigo bzw. zurück. Eine Bushaltestelle bzw. einen Abfahrtsplan gibt es im Ort allerdings nicht. Am besten fragen Sie in Ioannina am Busbahnhof oder bei den Einheimischen in Papigo nach den aktuellen Abfahrtszeiten.

Papigo Rafting, Giannis Christodoulou, 00 30/69 32 41 60 11, www.papigorafting.gr, papigorafting@gmail.com

Reiten, White Pegasus, Giannis Kouratoras, ☏ 00 30/69 77 01 12 75, www.white-pegasus.com, whitepegasuspapigo@gmail.com, Halbtages- und Ganztageausritte

Mikro Papigo

- Dias Guesthouse (Gästehaus und Restaurant), ☏ 00 30/265 30/412 57, www.diaspapigo.gr, diaspapigo@yahoo.gr, am Weg, ÜF im DZ ab € 55, ganzjährig, Restaurant: abends
- ♦ Mikro Papigo 1700 Hotel & Spa und Restaurant Veranta 1700, ☏ 00 30/265 30/411 79, www.mikropapigo.gr, info@mikropapigo.gr, am Weg, ab zwei Nächten buchbar, ÜF im DZ für zwei Nächte ab € 240, ganzjährig. Das luxuriöse Hotel eignet sich gut zur Entspannung. Es gibt einen beheizten Pool, einen Whirlpool, eine Sauna und ein Dampfbad. Bei Speisen setzt das Hotel auf Zutaten, die aus der Freilandhaltung regionaler Erzeuger stammen.
- ♦ Papigo Towers Mountain Lodge, (Hotel und Restaurant), ☏ 00 30/265 30/414 41, www.papigotowers.gr, info@papigotowers.gr, am Weg, ab zwei Nächten buchbar, ÜF im DZ für zwei Nächte ab € 130, ganzjährig
- Traditional Rooms Papigko, 00 30/69 44 30 13 44, ca. 150 m vom Weg entfernt, ÜF im Dreibettzimmer mit Doppel- und Einzelbett ab € 60, ganzjährig

Ende der 1. Etappe: Großer Baum am zentralen Platz in Papigo

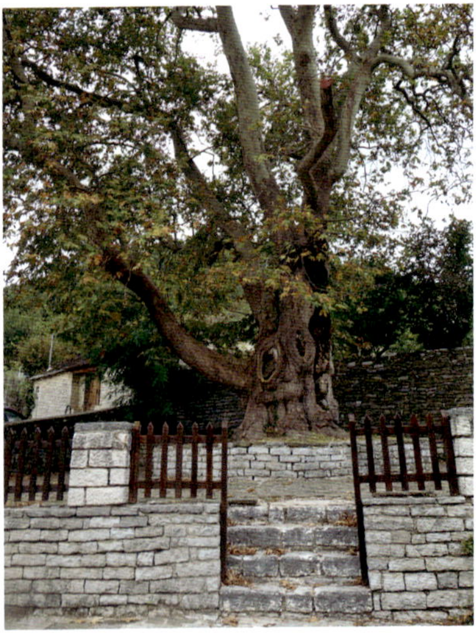

Papigo (unterteilt in Megalo und Mikro Papigo) entstand im 14. Jahrhundert und war zum Ende der byzantinischen Ära die Hauptstadt von West-Zagori. Heute ist er der „touristischste" Ort auf Ihrer Route. Tatsächlich weisen mehr als zehn Unterkünfte und vier Restaurants in einem Ort schon darauf hin, dass dieser etwas Besonderes ist. Insgesamt waren 2011 allerdings nur rund 267 Personen in den beiden Ortschaften dauerhaft ansässig bzw. gemeldet.

Megalo Papigo liegt auf ca. 900 m Höhe und Mikro Papigo auf ca. 980 m. Die Dörfer sind rund 2 km voneinander entfernt. Die Aussicht auf die umgebende Natur ist atemberaubend und die markanten Steingebäude laden zum gemütlichen Verweilen ein. Häuser, die neu entstehen, dürfen nur dort gebaut werden, wo vorher bereits ein Gebäude stand. Beim Bau sind die Architektur ringsum und der Stil des Dorfes zu berücksichtigen. Dementsprechend bildet der Ort ein homogenes Bild. Neben den auch in anderen Ortschaften angebotenen Aktivitäten wie Paragliding, Reiten, Wandern und Rafting hat Papigo – insbesondere für die Sommermonate interessant – die Papigo Rock Pools zu bieten. Diese Steinbecken wurden über Jahrtausende durch den Nebenfluss Rogovo erschaffen und bieten ruhiges, wenn auch kaltes Wasser zum Erfrischen an, sofern die Dorfbewohner den entsprechenden Damm zum Aufstauen geschlossen haben. Wie auch die anderen Gewässer in dem Gebiet sind die Pools im Frühjahr nach der Schneeschmelze voller als im September nach dem Sommer.

Als Ausgangspunkt für die Wanderung auf den Astraka ist der Ort sehr beliebt.

2. Etappe: Papigo – Astraka-Hütte (Πάπιγκο – Αστράκα)

8,5 km, 4 Std. 30 Min., ↑ 1.083 m, ↓ 101 m, ⇧ 883-1.918 m

0,0 km	⇧ 929 m	Papigo
1,3 km	⇧ 896 m	Papigo Rock Pools
2,5 km	⇧ 955 m	Mikro Papigo
3,2 km	⇧ 1.015 m	Avragonia-Brunnen (Βρύση Αβραγωνιά)
6,9 km	⇧ 1.654 m	Abzweig Astraka-Bergbesteigung und Höhle
8,5 km	⇧ 1.911 m	Astraka-Hütte

Von Megalo Papigo führt der Weg an der Straße entlang über die Rock Pools nach Mikro Papigo. Sie treffen auf den Fernwanderweg O/E3 und wandern durch Mikro Papigo hindurch. Es folgt ein Aufstieg auf den Astraka, bei dem sich wunderschöne Ausblicke eröffnen, je mehr Sie den Wald hinter sich lassen. Auf dem Weg befinden sich vier Quellen mit Trink- und Rastmöglichkeit. Nach über der Hälfte des Weges haben Sie zusätzlich die Möglichkeit, vom Weg abzubiegen und direkt zur Spitze des Astraka aufzusteigen. Auf dem Zagoria-Trek bleibend sehen

Sie die Hütte schon von Weitem und können es sicher gar nicht mehr erwarten anzukommen. An der Hütte besteht dann die Möglichkeit, weitere 5,8 km zu gehen, um die Mystik und Schönheit des kleinen Drachensees zu genießen. Danach wird Ihnen das Abendessen in der Astraka-Hütte auf 1.950 m Höhe bestimmt gut schmecken. Insgesamt ist die Strecke gut markiert (rote Markierung – Punkte/Striche/Pfeile) und vom Schwierigkeitsgrad als mittel bis schwer einzustufen.

☺ *Sie sollten die Etappe, insbesondere in den heißen Sommermonaten, sehr zeitig beginnen, da die Hänge oberhalb der Baumgrenze nach Westen ausgerichtet sind. Der herausfordernde Aufstieg wird erleichtert, wenn Sie bei diesem etwas Schatten bekommen.*

Sie starten die heutige Wanderung an dem Platz, an dem die gestrige Etappe endete. Gehen Sie auf der Straße an den Restaurants Astraka und Aris vorbei und biegen Sie anschließend nach rechts Richtung Kirche St. Vlasios (Άγιος Βλάσιος) und zum achteckigen Turm ab. Am Haus gegenüber der Kirche sind blaue Schilder mit den nächsten Wanderzielen in Griechisch und Englisch angebracht. Auf diesen ist zu lesen, dass die Astraka-Hütte (Refuge) 3 Std. 30 Min. und der Drachensee (Drakolimni) 4 Std. 30 Min. entfernt sind. Die Zeitangaben sind sehr sportlich. Planen Sie lieber mehr Zeit ein. Sie folgen dem abschüssigen Weg und

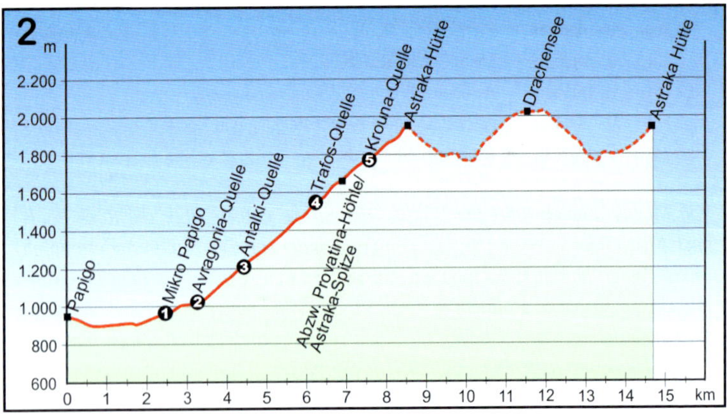

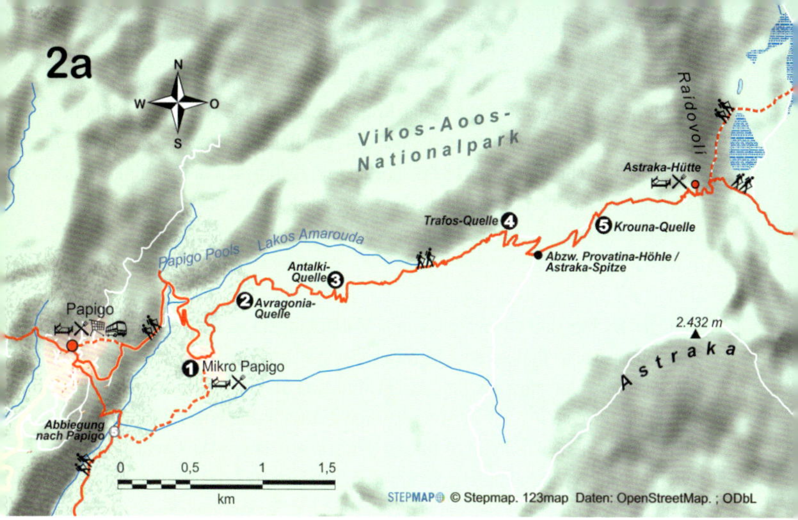

biegen auf der Autostraße nach links ab, am Geldautomaten und dem kleinen Souvenirladen Ronkobó auf der linken und den Restaurants Konaki und Astra Inn auf der rechten Seite vorbei, hinaus aus dem Ort. Sie erreichen eine Steinhütte zu Ihrer rechten Seite, bei der eine Infotafel zum Vikos-Aoos-Geopark aufgestellt ist. Sie folgen hier einfach der Straße und entdecken dabei weitere Infotafeln. Die Steintreppe bei der Steinhütte führt zwar auf einen Feldweg, über den Sie parallel zur Straße gehen können, allerdings ist dieser nicht gut zu sehen und der Mehrwert überschaubar, da dieser Weg schlussendlich auch auf der Straße endet und dort nicht viele Autos unterwegs sind. Seien Sie natürlich trotzdem wachsam.

Alternative zur Straße

Ein alternativer Weg zu dieser Autostraße ist möglich. Dafür starten Sie ebenfalls am Endpunkt der gestrigen Etappe und gehen an der Kirche zu Ihrer rechten und am Restaurant Adriano Pizza und Pasta zu Ihrer linken Seite vorbei, bis Sie auf das erste Hinweisschild „Wine Bar – Café“ stoßen. Folgen Sie nicht dem Weg Richtung Arkefthos Mountain Hotel. Orientieren Sie sich in Richtung des Astraka Guesthouse und der Hotels Archontiko Geki 1876 und Avragonio. Wenn Sie der Straße in dieser Richtung folgen, sehen Sie bald wieder die bekannte rote Markierung auf dem Weg. Nach rund 100 m erreichen Sie eine Kreuzung. Wenn Sie hier nach links gehen, kommen Sie zum Hotel und Restaurant Pantheon sowie zum Hotel Papaevangelou. Rechts der Kreuzung finden Sie das Hotel Archontiko Geki 1876, das Hotel Avragonio und das Gasthaus Astraka. Sie folgen der abschüssigen Straße links am „1876" vorbei und halten sich in Richtung der ausgeschilderten Weinbar. Der gepflasterte Weg wird zu einem Feldweg und nach rund 160 m erreichen Sie auf diesem eine Steintreppe die auf die Autostraße nach Mikro Papigo führt.

Auf der Straße sind wieder die roten Markierungen zu finden, die Ihnen den Weg Richtung Mikro Papigo und Astraka weisen. Nachdem Sie den nun zu sehenden roten Pfeilen für etwa 280 m gefolgt sind, will Sie ein weiterer roter Pfeil auf einen gepflasterten Weg auf der rechten Seite in Richtung eines grünen Schildes mit der Aufschrift „Mikro Papigo" führen. Sie können diesen Weg gehen, er bringt Sie ebenfalls nach Mikro Papigo. So können Sie einen Teil der Autostraße auslassen. Allerdings verpassen Sie dann die berühmten Steinpools (Rock Pools) von Papigo, die sich rund 450 m weiter, nachdem Sie eine Steinbrücke überquert haben, auf der linken Seite befinden. Vor dem Eingang zu den Papigo Pools

Papigo Rock Pools, im Sommer ist so ein Bad bestimmt erfrischend

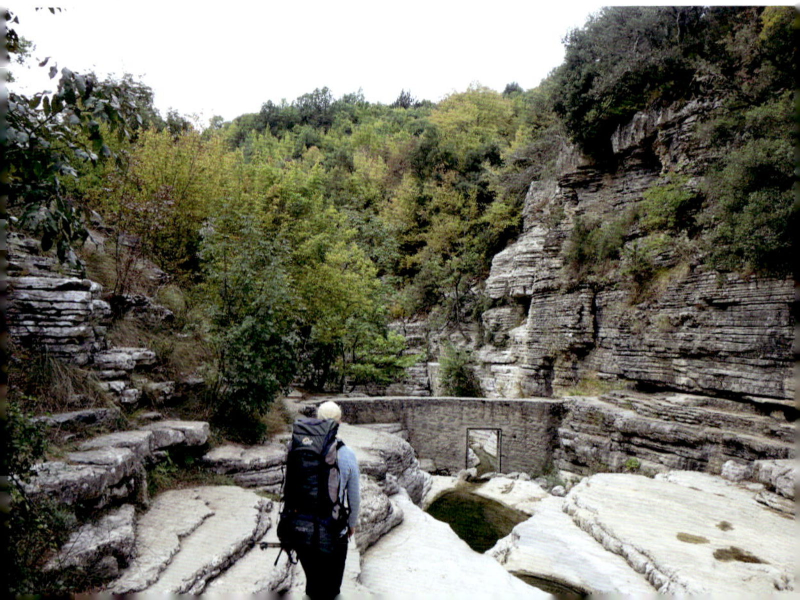

befindet sich ein kleiner Parkplatz. Am Eingang steht eine Infotafel zum Rogovo-Fluss („The ovires in the Rogovos stream"). Mithilfe von Staumauern und -türen kann hier das Wasser des Flusses Rogovo gestaut werden, wodurch sich Pools bilden, die im Sommer auch zum Baden genutzt werden. Im Herbst führen die Pools wenig Wasser.

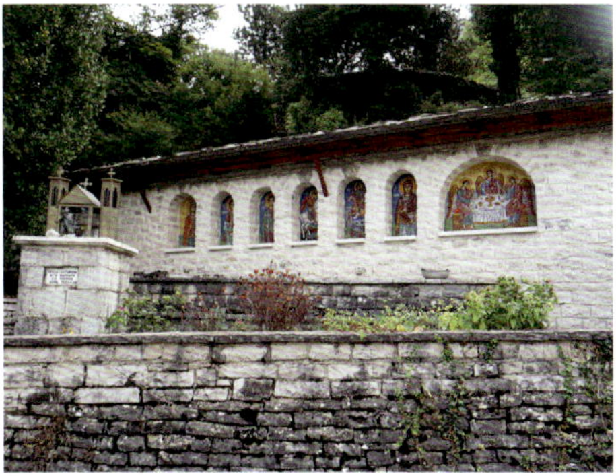

Mikro Papigo – Hübsch bemalte Mauer vor der griechisch-orthodoxen Kirche

Nach einem kurzen Stopp bei den Pools wandern Sie auf der Straße Richtung Mikro Papigo weiter und entdecken nach rund 350 m die roten Markierungen auf der Straße wieder. Dort führt nämlich der alternative Weg wieder auf Ihre Straße. Sie können den Wanderweg erkennen, da eine gepflasterte Treppe und ein grünes Schild den Weg nach Megalo Papigo kennzeichnen. Sie setzen Ihren Weg auf der Autostraße fort, können dabei interessiert die zahlreichen Beschilderungen der Baume am Straßenrand sowie eine Infotafel zur Vegetation betrachten und erreichen nach weiteren ca. 430 m und insgesamt rund 2,5 km das Ortsschild von Mikro Papigo ❶. Rechter Hand sehen Sie die ersten genutzten Parkmöglichkeiten und zu Ihrer Linken eine Mauer mit eingelassenen Rundbögen. In den Rundbögen befinden sich gemalte Bilder von Heiligen. Dahinter liegt die Kirche von Taxiarhes. Ab hier geht es auch für Autofahrer – für Wanderer sowieso – nur noch zu Fuß weiter, da die Gassen Mikro Papigos sehr eng sind. Am Ende des Dorfes liegt das sehr luxuriöse Mikro Papigo 1700 Hotel & Spa. Der Transport der Koffer der Gäste und auch die generelle Warenanlieferung wird mit kleinen Quads durchgeführt, auf die Sie in den engen Gassen achtgeben müssen. Wenn Sie Mikro Papigo betreten, sehen Sie auf der rechten Seite das Hotel und Restaurant Papigo Towers. Dort bietet die Straße einen Abzweig nach links an, dem Sie nicht folgen. Würden Sie nach links abbiegen, kämen Sie zum Friedhof des Ortes und zur erwähnten Kirche von Taxiarhes sowie zu einem größeren, kostenlosen Parkplatz.

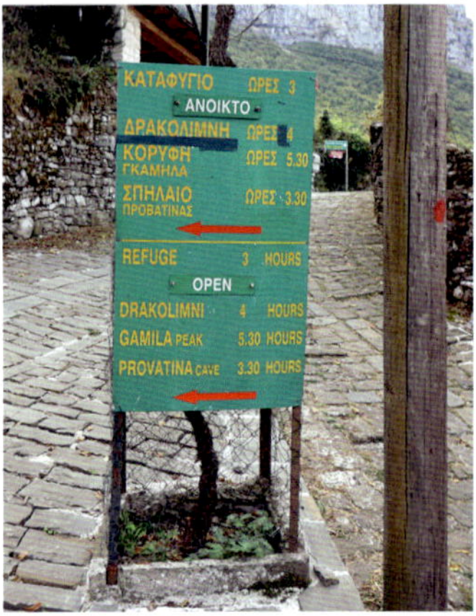

Hinweisschild mit ungefähren Zeitangaben

Sie wandern geradeaus weiter, ein roter Doppelpfeil direkt auf der Straße zeigt Ihnen den Weg. Der Weg führt an den Unterkünften IRO (HPΩ) und Pinocchio und dem Hotel und Restaurant Dias (ΔΙΑΣ) vorbei. Anschließend sehen Sie ein grünes Schild, das auf Griechisch und Englisch angibt, wie weit es noch bis zur Astraka-Hütte, zum Drachensee sowie zu zwei weiteren Zielen ist. Zur Hütte sind es – so heißt es dort – 3 Std. und zum Drachensee 4 Std. Diese Zeitangaben sind erneut sehr sportlich. Darüber hinaus ist auf dem Schild vermerkt, ob die Astraka-Hütte geöffnet oder geschlossen hat.

Als Markierung finden Sie kleine rote Striche auf dem Boden oder rote Punkte an Strommasten. Neben der roten Markierung werden Sie von nun an auch weiße Schilder entdecken, auf denen der Fernwanderweg O3 vermerkt ist. Sie wandern weiter durch die engen Gassen, und während zu Ihrer rechten Seite die bereits erwähnte Unterkunft Mikro Papigo 1700 Hotel & Spa auftaucht, sehen Sie links eine Wanderkarte von Anavasi (1:50.000), auf der Sie Ihre Wanderwege durch den Nationalpark finden. Knapp 350 m nach dem Betreten des Ortes verlassen Sie diesen wieder, der gepflasterte Weg wird zu einem Schotterweg. Am Übergang vom gepflasterten Weg zum Schotterweg steht erneut ein Strommast mit rotem Punkt. Auf dem Schotterweg sind einzelne Steine am Boden und am Rand rot markiert, daneben gibt ein weißes Schild mit roter Raute und der Aufschrift O3 sowie ein weißes Schild mit einer grünen Hütte, das für die Astraka-Hütte steht.

Sie erreichen einen Unterstand aus Stein, der mit dem grünen Hüttenschild und dem roten Pfeil auf weißem Grund markiert ist. Im Unterstand befindet sich in der Steinmauer ein kleiner hölzerner Schrein. Nach dem Unterstand fällt neben dem Schild für den O3 ein blaues Schild mit der Aufschrift „ZAGORI 44 km" auf. Im Zagori finden mehrere Bergläufe (Zagori Mountain Running) statt. Es gibt Läufe mit 10 km (Einstiegsrennen), 21 km (Halbmarathon), 44 km (Marathon +)

und 80 km (TeRA-Lauf). Im weiteren Verlauf Ihrer Wanderungen werden Sie noch mehrere Schilder für diese Bergläufe entdecken. Relevant sind sie für den Zagoria-Trek nicht.

Rund 350 m nach dem Unterstand kommen Sie zur ersten der vier Quellen auf der Etappe zur Astraka-Hütte. Das Wasser der Quellen ist trinkbar und erfrischt. Diese Quelle heißt Avragonia (Αβραγωνιά – ΑΒΡΑΓΩΝΙΟΣ) ❷, liegt gemäß Schild auf 1.015 m Höhe und befindet sich in einem hübschen steinernen Turm. Neben der Quelle stehen ein großer, uriger Baum, in dem eine Glocke hängt, sowie eine Infotafel zu Spechten („The Woodpeckers"). Des Weiteren finden Sie eine Ausschilderung zur zweiten Quelle des Weges, der Antalki (Αντάλκη – ΑΝΤΑΛΚΗ), in 40 Min. (rund 1,2 km, Anm. d. Verf.) und zur Astraka-Hütte (Astraka refuge) in 2 Std. 50 Min. (rund 5,3 km, Anm. d. Verf.). Kurz danach treffen Sie auf ein weiteres, verwittertes Schild, dieses ist grün mit gelber Schrift. Es weist den Wanderer erneut darauf hin, dass es bis zur Astraka-Hütte 2 Std. 50 Min. sind. Sie folgen dem schmaler werdenden Schotterweg. Die Markierung ist weiterhin gut. In regelmäßigen Abständen sind rote Markierungen (Punkte und Striche) und Schilder für den O3 angebracht. In Serpentinen steigt der Weg an, die Höhenmeter des heutigen Tages möchten erklommen werden.

Avragonia Quelle – Erste von vier Quellen auf dem Weg

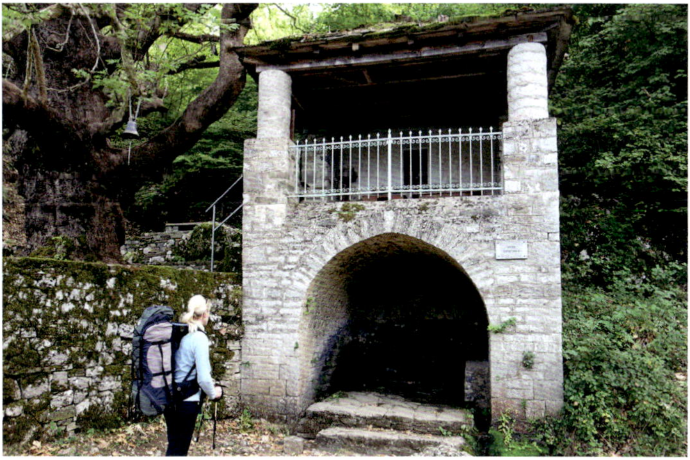

Sie haben eine tolle Sicht auf das Astraka-Massiv und kommen ihm immer näher. Sie treffen auf eine Tiertränke und erreichen die zweite Quelle namens Antalki ❸. Hier gibt es einen Holzpavillon mit Steinbänken und einem Steintisch sowie eine Infotafel zum Wanderweg mit Höhenprofil und Standortkennzeichnung und eine zum Reh („The Roe Deer"). Sie befinden sich nun auf 1.200 m Höhe.

Nachdem Sie vielleicht eine Pause gemacht haben, folgen Sie weiter dem gut ausgeschilderten Weg (O3) und haben, da sich die Anzahl der Bäume reduziert, einen wunderschönen Blick auf die Umgebung. Sie erreichen einen weiteren Holzpavillon mit Sitzgelegenheit und ein Hinweisschild, nach dem es bis zur dritten Quelle Trafos (Τράφος – ΤΡΑΦΟΣ) noch 30 Min. (rund 770 m, Anm. d. Verf.) und bis zur Astraka-Hütte 1 Std. 40 Min. (rund 3,1 km, Anm. d. Verf.) sind. Der Weg wird steiniger und die Kombination aus Höhenmetern und Wanderrucksack führt zu dem einen oder anderen Schweißtropfen. Vergessen Sie dabei das Trinken nicht! Die schöne Aussicht entschädigt für die Strapazen und die Aussicht auf einen leckeren Wein oder Kakao auf der Hütte sind ein guter Antrieb. Schließlich erreichen Sie die dritte Quelle Trafos ❹, die schon von Weitem durch den nächsten Holzpavillon gut sichtbar ist. Bei unserer Wanderung führte diese Quelle allerdings kein Wasser. Da es auch weder Hahn noch Rohr gab, könnte es sein, dass sie grundsätzlich kein Wasser führt. Im Pavillon befinden sich eine weitere Infotafel, diesmal über Rebhühner („The Rock partridge"), und ein Hinweisschild, das Ihnen eine Gehzeit von 40 Min. (rund 1,3 km, Anm. d. Verf.) bis zur vierten und letzten Quelle Krouna (Κρούνα – ΚΡΟΥΝΑ) sowie 1 Std. 10 Min. (rund 2,3 km, Anm. d. Verf.) bis zur Astraka-Hütte anzeigt. Hier oben auf 1.525 m Höhe gibt es nur noch ein paar Büsche, daher haben Sie eine tolle Fernsicht. Nach rund 600 m kommen Sie zu einem Wegweiser, der nach rechts auf den Schlund von Provatina („Provatina Caves") in 1 Std. 30 Min. sowie die Spitze des Astraka in 2 Std. 30 Min. hinweist. Hier befinden sich auch eine Infotafel zum Schlund/zur Höhle („The caves / potholes of the Vikos-Aoos Geopark") sowie der Hinweis, dass in der Region rund 300 Höhlen existieren. Der Schlund wurde im Jahr 1962 entdeckt und 1968 ausführlicher erforscht, nachdem 1966 eine Expedition noch an Materialmangel scheiterte. Der direkt hinter dem Eingang liegende, steile Schacht führt bis in rund 407 m Tiefe und gilt inoffiziell als tiefster Direktabstieg der Erde. Die Abzweigung vom Weg auf den Astraka zum Schlund ist nicht einfach zu finden, deshalb empfiehlt es sich, eine Karte zu nutzen. Bei der nun vor Ihnen liegenden Abzweigung folgen Sie dem

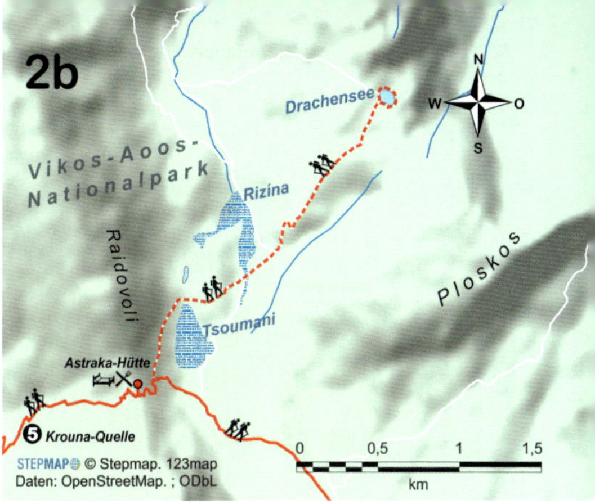

linken Weg für den direkten Weg zur Astraka-Hütte. An diesem finden Sie auch ein verwittertes Schild mit zwei roten Pfeilen.

Der Weg führt Sie nun zur letzten Quelle der heutigen Etappe, der Krouna ❺, auf 1.750 m. Hier steht wieder ein Holzpavillon mit Sitzgelegenheit und die Quelle führt auch Wasser. Von hier aus sind es laut einem Hinweisschild nur noch 30 Min. (rund 960 m, Anm. d. Verf.) bis zur Astraka-Hütte und 2 Std. bis zum Drachensee (rund 3,8 km, Anm. d. Verfassers). Wie sich an diesem Hinweisschild erkennen lässt, sind die Zeitangaben nicht einheitlich. Diesem Schild nach sind es von der Hütte bis zum See noch 1 Std. 30 Min., dem grünen Schild in Mikro Papigo nach lag zwischen den beiden Zielen nur 1 Std. Sie sollten somit nicht zu viel auf die Schilder im Nationalpark geben, auch im weiteren Verlauf haben wir immer wieder welche gefunden, die sich widersprechen. Bald sehen Sie die Astraka-Hütte und steigen die letzten Höhenmeter zu ihr hinauf. Der Weg ist von großen Steinen gesäumt, die mit roten Pfeilen und Punkten den Weg markieren. Nach insgesamt 1.083 Höhenmetern und rund 8,5 km Wegstrecke haben Sie Ihr Tagesziel, die Astraka-Hütte, erreicht.

Astraka-Hütte ☏ 00 30/265 10/468 18 oder 00 30/69 73 22 31 00,
www.astrakarefuge.com, info@astrakarefuge.com, Ü € 13,
Mai bis Oktober

Die Astraka-Hütte wird von Giorgos Rokas und seiner Familie betrieben und die Versorgung der Hütte wird durch Maultiere geleistet. Dafür sind die Preise immer noch in Ordnung. Die Hütte wurde 1966 gebaut und 2004 renoviert. Es wurden auch Solarmodule montiert, die an sonnigen Tagen für warmes Wasser sorgen können. Bis zu 51 Personen können hier in Etagenbetten übernachten. Schlafsäcke sind selbst mitzubringen, zusätzliche Decken werden gestellt.

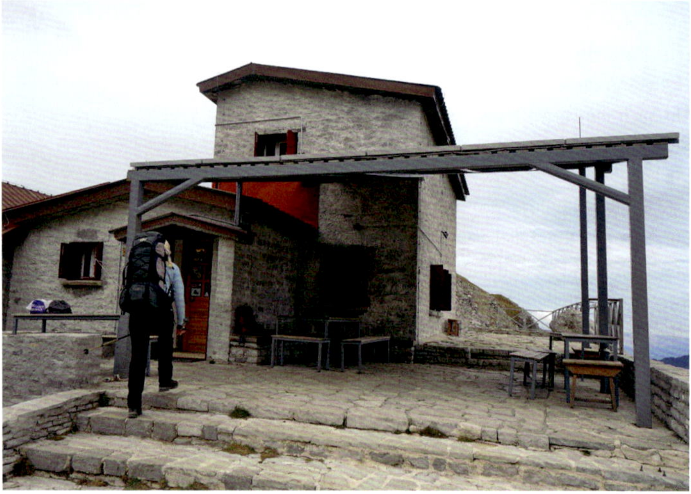

Astraka Hütte

Die Astraka-Hütte bietet Frühstück, Mittagessen und Abendbrot an. Eine Speise- und Getränkekarte hängt an der Rezeption aus und ist auf der Website einsehbar. Sie finden darauf Sandwiches, Omelettes, Nudelgerichte, Salate, Feta sowie Wein, Bier, Saft, Tee und Kakao. Nach dem Anstieg schmecken die Mahlzeiten besonders gut.

Der Astraka bildet mit seinen 2.486 m Höhe einen von zahlreichen Nebengipfeln zum höchsten Berg des Tymfi-Massivs, dem Gamila I mit 2.497 m. Das Tymfi-Massiv wird im Norden durch das Tal des Aoos vom Smolika-Massiv getrennt.

Extratour zum Drachensee

Von der Astraka-Hütte aus können Sie, sofern es die Zeit und das Sonnenlicht zulassen, noch eine Wanderung zum Drachensee durchführen. Insgesamt liegen dann rund 5,8 zusätzliche Kilometer vor Ihnen. Hinter der Hütte führt ein Weg den Berg hinab und Sie sehen ein verwittertes gelbes Schild, auf dem zu lesen ist, dass Sie bis zum Drachensee (Drakolimni) 1 Std. 10 Min. benötigen. Sie gehen auf dem O3, auf dem Sie zur Hütte gekommen sind, für rund 300 m weiter, bis

Sie zu einem Abzweig kommen. Der Abstieg ist relativ steil. An dem Abzweig zeigt ein gelbes Schild an, dass der Weg nach rechts Sie in 5 Std. 25 Min. nach Tsepelovo führt. Diesen Weg nehmen Sie auf der morgigen Etappe. Heute folgen Sie dem linken Pfeil, der Ihnen den Weg zeigt, um in 1 Std. 15 Min. den Drachensee zu erreichen. Auf dem vorherigen Schild waren es 1 Std. 10 Min., obwohl Sie schon etwas gegangen sind. Die Schilder sind wie gesagt nicht immer ganz genau und zum Teil verwirrend.

Auf der rechten Seite wird nun der See Tsoumani sichtbar. Im Herbst war dieser ausgetrocknet und mehrere Wanderer hatten ihre Namen mit Steinen auf die ausgetrocknete Fläche geschrieben. Die vielen Namen ließen vermuten, dass der See schon eine ganze Zeit lang, vielleicht seit dem Sommer, ausgetrocknet war. Der Weg führt den Schotterhang hinunter und ist mit roten Punkten markiert. Sobald Sie nach rund 900 m auf der Ebene unten angekommen sind, geht es über Grasland und Steine weiter. Nach weiteren ca. 500 m sehen Sie auf der linken Seite den zweiten See, den Rizína. Auch dieser See war im Herbst ausgetrocknet und ließ sich nur noch erahnen.

Der Dragon Lake – Drachensee

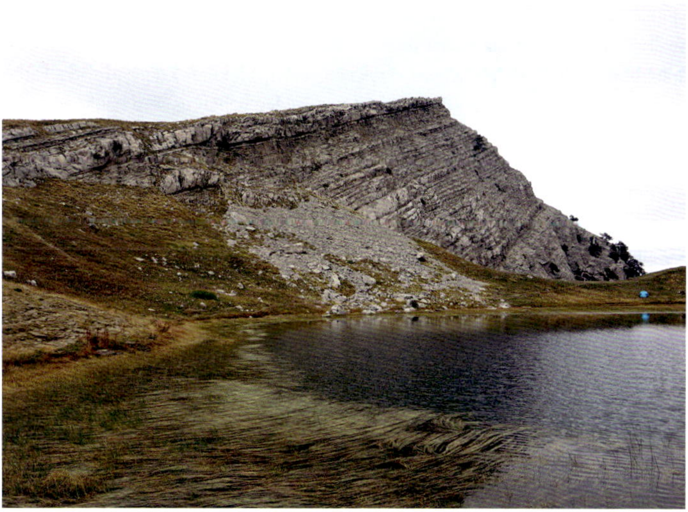

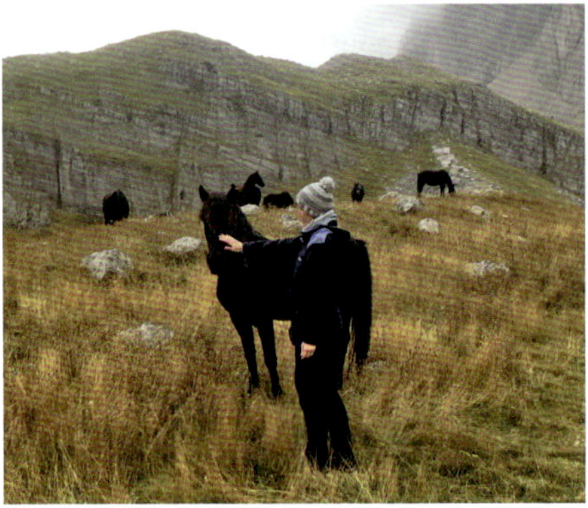

Manche wilden Pferde sind noch etwas zahm

Zwischendurch können Ihnen hier jederzeit wilde Pferde und Kühe begegnen, die auf diesen Wiesen gerne grasen. Insbesondere die Pferde sind nicht besonders menschenscheu und lassen sich sogar streicheln, da es sich bei ihnen um Nachfahren von freigelassenen Pferden handelt, die früher für die Landwirtschaft und Zucht genutzt wurden. Als die Menschen dann in die Stadt gingen, um ein besseres Leben zu erreichen, wurden die Tiere in die Freiheit entlassen.

Nach dem Durchqueren der Ebene geht es wieder bergauf. Als Markierung finden Sie hier weiße Schilder mit roten Pfeilen. Lassen Sie auch ruhig Ihren Blick einmal zurück zur Hütte schweifen, wie sie dort neben dem riesigen Astraka-Massiv liegt, das gerne halb in den Wolken versteckt ist. Zu Ihrer Motivation gibt es, kurz bevor Sie den Drachensee erreichen, einen Stein, auf dem in roter Farbe „5´min" samt einem roten Pfeil gemalt wurde. Sie haben es also bald geschafft. Und tatsächlich, nach weiteren rund 230 m erreichen Sie den Drachensee.

Im See können Sie kleine alpine Molche sehen, diese kleinen „Drachen" gaben dem See auch seinen Namen. Es ist nun Zeit für eine Pause, um die Mystik des Ortes und der Landschaft genießen zu können. Bei Sonnenschein besteht die Möglichkeit, die schönen Reflexionen der Wasseroberfläche zu bewundern. Auffällig sind die Steine, die um den See herumliegen. Der Legende nach lebten in den Drachenseen auf dem Bergmassiv Tymfi und dem Bergmassiv Smolika zwei Drachen, die sich nicht besonders leiden konnten. Als logische Konsequenz ihrer Abneigung haben sich diese Drachen mit großen Steinen beworfen. Dies soll nach Meinung der Einheimischen erklären, warum im schwarzen Gebirge des Tymfi weiße Steine und im weißen Gebirge des Smolika schwarze Steine liegen. Geologisch wurde nachgewiesen, dass es sich bei den Seen jeweils um Rückstände eines Gletschers der Eiszeit handelt.

Gehen Sie einmal um den See herum, um auch keine Spiegelung zu verpassen. Auf der hinteren Seite des Sees haben Sie auch einen tollen Blick zu den umliegenden Bergen. Es geht von dem Platz, wo Sie stehen, vor allem sehr steil hinunter.

☞ Achten Sie darauf, dass Sie in Ihrem Handy das Roaming ausgestellt haben. Da Mobiltelefone sich hier gerne in das albanische Handynetz einwählen und dieses nicht zur EU gehört, können sonst zusätzliche Kosten entstehen. Aber an so einem Ort sollte das Handy eigentlich sowieso aus sein.

Danach machen Sie sich auf den Rückweg zur Hütte und nehmen dazu denselben Weg, auf dem Sie gekommen sind. Wieder in der Hütte angekommen, können Sie auf der Infotafel noch alles zu den alpinen Molchen („The Alpine newt") nachlesen.

3. Etappe: Astraka-Hütte – Tsepelovo (Αστράκα – Τσεπέλοβο)

15,3 km, 6 Std., ↑ 458 m, ↓ 1.312 m, ⇧ 1.076-1.993 m

0,0 km	⇧ 1.911 m	Astraka-Hütte
2,9 km	⇧ 1.976 m	See Loutsa Robozi
5,9 km	⇧ 1.750 m	Abzweig/Abstieg zur Megas Lakkos
7,8 km	⇧ 1.649 m	1. Wasserquelle
8,1 km	⇧ 1.648 m	Abzweig/Ausstieg aus der Megas Lakkos (gelber Markierung folgen)
10,6 km	⇧ 1.491 m	2. Wasserquelle
11,3 km	⇧ 1.381 m	Abzweig Richtung Landstraße
15,0 km	⇧ 1.129 m	Abzweig nach Tsepelovo
15,3 km	⇧ 1.076 m	Tsepelovo

Die heutige Etappe führt Sie von der Astraka-Hütte über einen See mit alpinen Molchen zum Beginn der Schlucht Megas Lakkos. Diese Schlucht durchqueren Sie und bewundern höhlenartige Ausbuchtungen in den Steinwänden. Eine Quelle markiert den Punkt, an dem Sie die Schlucht verlassen und sich über einen

Bergrücken Richtung Tsepelovo bewegen. Hier wechselt die Wegmarkierung von rot zu gelb. Nach dem Abstieg wird die Etappe durch einen entspannten Weg ins Ortszentrum von Tsepelovo abgeschlossen. Anfangs ist die Strecke gut markiert (rote Markierung – Punkte/Striche/Pfeile). Zum Ende, nach dem Wechsel auf die gelbe Farbe Richtung Tsepelovo, verschwindet die Markierung. Vom Schwierigkeitsgrad ist die heutige Etappe schwer.

Von der Astraka-Hütte nehmen Sie den Weg, den Sie bereits gestern erkundet haben, wenn Sie die Zusatzroute zum Drachensee gewandert sind. Der Wanderweg O3 führt hinter der Astraka-Hütte steil bergab (rund 22 % Steigung) und ist durch rote Punkte auf den Steinen markiert. Nachdem Sie ein verwittertes gelbes Schild erreicht haben, auf dem zu lesen ist, dass es bis zum Drachensee (Drakolimni) 1 Std. 10 Min. sind, gehen Sie rund 300 m weiter, bis Sie zu einer Abbiegung kommen. Hier stehen Sie vor der Wahl, in Richtung Drachensee (Drakolimni) oder in Richtung Tsepelevo zu wandern. Ein weiteres gelbes Schild informiert Sie, dass der Weg nach Tsepelovo 5 Std. 25 Min. und der Weg zum Drachensee 1 Std. 15 Min. dauert. Wie bereits erwähnt sollten Sie diesen Zeitangaben nicht allzu viel Beachtung schenken. Dieses Mal folgen Sie dem Weg nach rechts, nach Tsepelovo. Der Abstieg ist weiterhin recht steil (rund 32 % Steigung), bis Sie unten auf der Ebene angekommen sind. Nach einem kurzen Stück (ca. 60 m) auf ebener Fläche geht es rechts über Gestein weiter. Der Weg ist durch rote Punkte oder rote Striche markiert. Wenig später sehen Sie eine Art Zaun aus Draht und

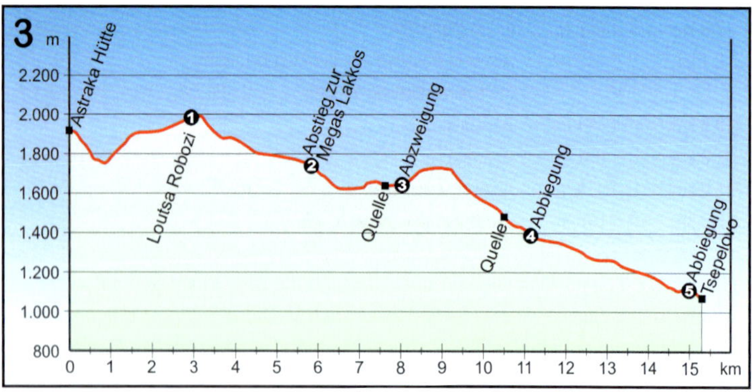

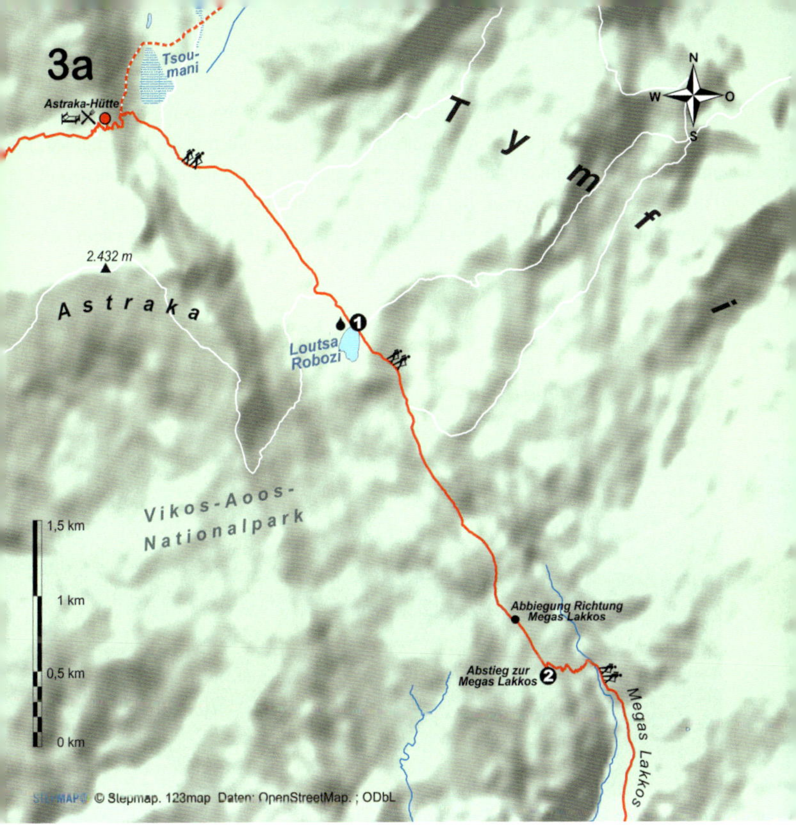

Wellblech, über den Sie an einer tieferen Stelle hinübersteigen können. Sie ist mit einem roten Strich auf einem Stein markiert und die Steine liegen so, dass sie zur Unterstützung für die Zaunüberquerung verwendet werden können. Durch große Gesteinsbrocken führt der Weg wieder bergauf. Sie kommen ca. 180 m nach der Zaunüberquerung an einem weiteren verwitterten gelben Hinweisschild vorbei, das für den Weg zum Drachensee 2 Std. 10 Min. und zu einem unbestimmten Ort (vermutlich Tsepelovo) 4 Std. 35 Min. angibt. Zur Orientierung dienen Ihnen neben den roten Punkten die roten Dreiecke auf weißen Schildern. Nachdem Sie die großen Gesteinsbrocken hinter sich gelassen haben, erreichen Sie eine längere relativ ebene Strecke aus Gesteinsschotter und später Gras. Hier haben

Sie etwas mehr Muße, das Astraka-Massiv zu Ihrer Rechten zu beobachten, das sich oft in Wolken hüllt und mystisch wirkt. Werfen Sie auch einen Blick zurück, um Ihre letzte Unterkunft immer kleiner werden zu sehen. Der Weg führt rund 1,5 km nach dem verwitterten gelben Schild durch eine kleine Senke voller Steine, im Frühjahr vielleicht ein Bach. Langsam steigt der Wanderweg wieder an und wird steiniger.

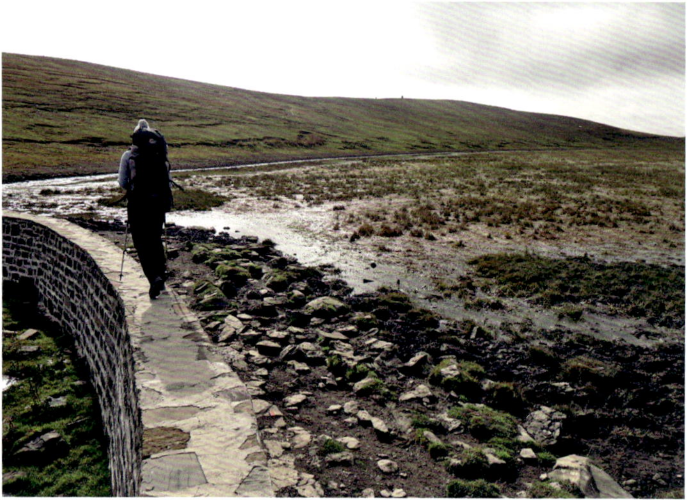

Ein kleiner Damm am See namens Loutsa Robozi

Einen See namens Loutsa Robozi ❶ erreichen Sie nach weiteren ca. 380 m. Sie überqueren diesen über eine kleine Mauer, die wie ein Damm wirkt und dem See etwas Unnatürliches verleiht. Zweck des kleinen Sees ist vielleicht, den in der Wildnis umherziehenden Kühen Wasser zu spenden. In den warmen Sommermonaten kann er auch ausgetrocknet sein. Im See und um ihn herum können Sie den alpinen Molch wiedersehen, dem Sie bereits am Drachensee oder zumindest auf der Infotafel in der Astraka-Hütte begegnet sind. Sie wandern kurz an der Nordseite des Sees entlang und folgen anschließend halb links den aufgestellten Hinweisschildern mit dem bekannten roten Dreieck den Bergrücken sanft hinauf. Vor dem Abstieg haben Sie einen schönen Blick. Wenn Sie diesen länger genießen wollen, können Sie den Weg in Richtung einer Steinpyramide zu Ihrer rechten Seite verlassen und dort Pause machen. Um den Weg Richtung Tsepelovo fortzusetzen, folgen Sie den bekannten roten Hinweispfeilen und -schildern bergab. Zu Ihrer Rechten sehen Sie nach rund 120 m in einiger Entfernung die Grundmauern eines größeren Hauses oder Stalls. Der gut ausgeschilderte Weg führt Sie für weitere ca. 2,1 km bergauf und bergab durch die herrliche Landschaft, bis Sie einen Stein erreichen, dessen aufgemalter roter Pfeil Sie nach links zu einem gemächlichen Abstieg in Richtung der Schlucht Megas Lakkos führt. Diese beginnt als flache Schlucht im Zentrum des Tymfi-Massivs und endet in der Vikos-Schlucht mit einer Tiefe von mehr als 600 m.

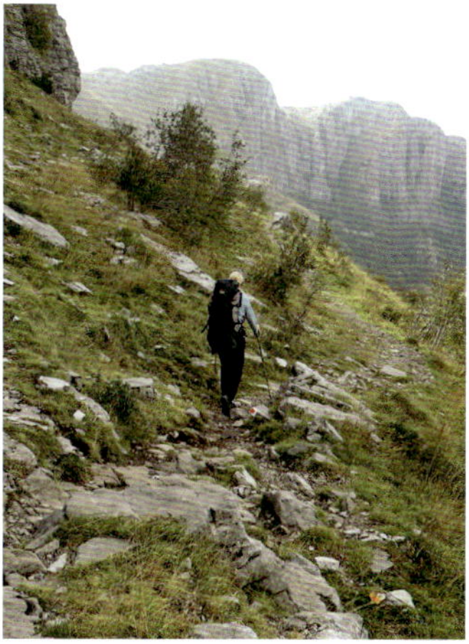

Der Weg führt in die traumhaft schöne Megas Lakkos Schlucht

Nach weiteren rund 400 m sehen Sie erneut einen Pfeil nach links auf einem kleineren Stein ❷, der Sie steil in die Schlucht führt. Der Weg ist steinig, aber gut durch rote Punkte, Striche und weitere Pfeile markiert. In Serpentinen geht es immer weiter hinunter in die Schlucht. Bald können Sie sehen, wie Ihr Wanderweg auf der anderen Seite der Schlucht weitergeht. Sie erreichen die tiefste Stelle, um auf der anderen Seite der Schlucht die verlorenen Höhenmeter wieder zu erklimmen. Der Weg ist teilweise sehr steinig, jedoch immer gut markiert und bereits im Voraus sichtbar. Die Schlucht ist wunderschön und bietet viele schöne Fotomotive. Auf der linken Seite sehen Sie einige größere Hohlräume in dem Gebirgsgestein. An diesen wandern Sie vorbei, bis Sie auf der linken Seite rund 1,8 km nach dem Abstieg in die Schlucht eine Quelle erreichen. Sie müssen sich ca. 350 m, nachdem Sie die Quelle passiert haben, links halten ❸, um die Schlucht in Richtung Tsepelovo zu verlassen. Dieser Punkt ist sehr schwer zu erfassen und erfordert erhöhte Aufmerksamkeit von Ihnen. Sie finden hier auf den am Boden liegenden Steinen jeweils einen roten Pfeil nach rechts und einen gelben Pfeil nach links. Sie folgen dem gelben Pfeil nach links.

Den rot markieren Weg weiterzugehen ist ebenfalls möglich, allerdings gibt es hier eine ausgesetzte Stelle, die mit einem Drahtseil gesichert ist, und der Weg endet nicht direkt in Tsepelovo. Hier müssten Sie ein kurzes Stück wieder zurück zum Ort gehen.

Wichtigste Abbiegung auf dem Weg! Hier kommt der gelbe Weg hinzu und führt hinunter nach Tsepelovo

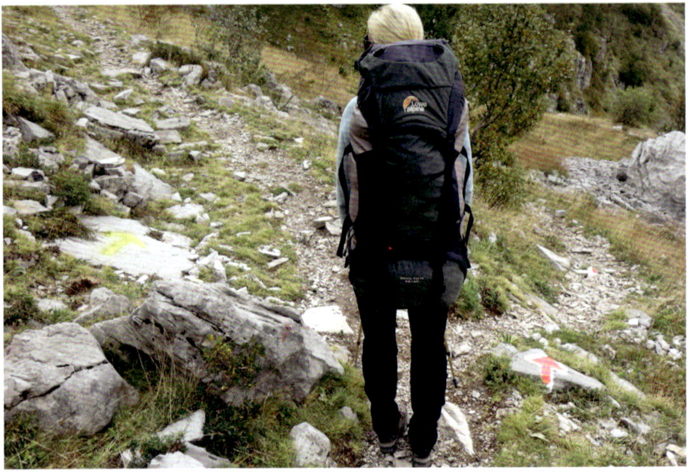

Nachdem Sie an der Gabelung nach links abgebogen sind, erwartet Sie wieder ein Aufstieg. Vor sich sehen Sie große Hohlräume im Berg. Sie müssen nun rund 300 m bei einer durchschnittlichen Steigung von etwa 16 % überwinden. Nachdem Sie dies geschafft haben, können Sie einen letzten Blick zurück in die wunderschöne Schlucht Megas Lakkos werfen, um sich anschließend dem Bergrücken in Richtung Tsepelovo zu widmen. Der schmale Pfad ist steinig und am Rand stehen sehr viele Disteln. Hangeln Sie sich von einer gelber Markierung (meistens Striche) zur jeweils nächsten. Zwischendurch gibt es auch weiße Schilder, zum Teil mit rotem Dreieck. Bei unserer Wanderung haben wir auf diesem Abschnitt zudem eine Herde von Kühen getroffen. Diese waren aber ruhig und ließen sich durch uns nicht stören. Nach einer Strecke von rund 600 m mit moderatem Anstieg führt der Pfad wieder hinab. Hier ist es durch die vielen Steine und hohen

Gräser schwierig, die Steine zu sehen, die mit gelber Farbe markiert wurden. Seien Sie aufmerksam und halten Sie immer Ausschau nach dem nächsten Stein mit gelbem Strich. Sie erreichen nach etwa 850 m einen größeren Stein zu Ihrer Linken mit einem abgeknickten gelben Pfeil, der nach rechts weist. Über eine Graslandschaft steigen Sie weiter bergab. Es tauchen wieder erste Sträucher auf und Sie finden mehrere weiße Schilder mit rotem Dreieck.

Ein gelbes Schild, das rund 680 m hinter dem Stein mit dem abgeknickten Pfeil zu finden ist, weist den Wanderer darauf hin, dass es noch 2 Std. 15 Min. bis nach Tsepelovo bzw. 4 Std. 25 Min. bis zum Drachensee sind. Der Pfad führt Sie weiter hinunter bis zu einer Quelle nach etwa 110 m, wo Sie neues Trinkwasser bekommen können. An einem steinigen Hang geht es anschließend für weitere rund 680 m weiter. Sie müssen dabei aufmerksam den gelben Farbmarkierungen auf den Steinen und den weißen Schildern mit den roten Dreiecken, die vor allem an Büschen und Bäumen angebracht sind, folgen. Sie erreichen das Ende des steinigen Hangs und sehen zu Ihrer Linken einen breiten, sich hinabschlängelnden Weg ❹. Ein sehr steil abfallender Schotterweg zu Ihrer linken Seite ist der direkte Weg, um auf die breite Straße zu kommen. Hier sehen Sie auch die charakteristischen roten Dreiecke in den Bäumen und Sträuchern. Sie können aber auch dem Weg geradeaus weiter folgen und den Abstieg auf dem breiteren Weg in Angriff nehmen. Nach rund 800 m erreichen

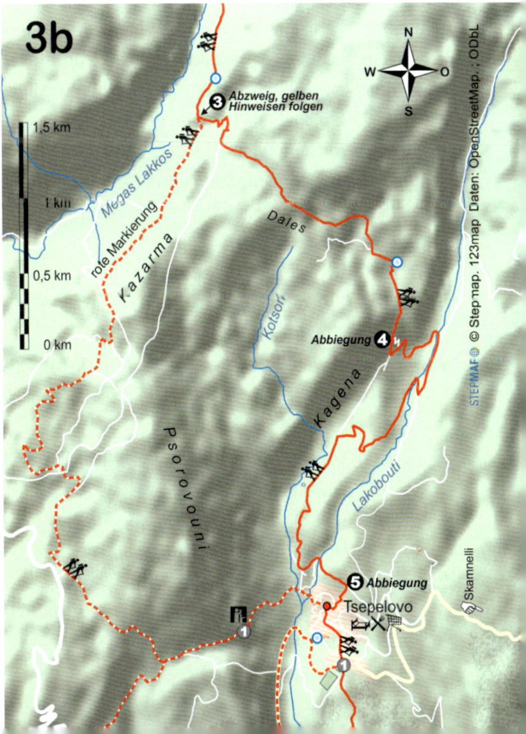

Sie eine größere Straße. Dieser folgen Sie für ca. 360 m. Dann erreichen Sie eine Abzweigung nach rechts. Diese nutzen Sie, um die Straße zu verlassen. Alternativ können Sie natürlich auch der Straße weiter folgen und würden Tsepelovo dann nach weiteren rund 2,3 km erreichen. Allerdings bietet der andere Weg eine ruhigere Alternative, auch wenn sie mit ca. 3 km etwas länger ist.

Der breite Fuhrweg ist ein entspannter Ausklang der Wanderung und führt an Sträuchern und Bäumen entlang. Dass Sie langsam wieder in der Zivilisation sind, sehen Sie bald an einem Zaun zu Ihrer Linken. Auch die Häuser von Tsepelovo werden sichtbar. Sie erreichen eine Holztafel mit Wanderkarte und wandern anschließend auf einem Schotterweg weiter in das Dorf. Zu Ihrer linken Seite erblicken Sie ein Steinhaus und eine Glocke. Rechts taucht nun auch ein größeres, unverputztes Haus auf. Sie können auf dem Schotterweg bleiben oder aber einen kürzeren Weg in das Dorf wählen, indem Sie vor einem schwarzen Tor auf der rechten Seite ❺ (hinter dem Tor stand bei unserer Wanderung ein Wohnwagen) einem schmalen Weg an einem Drahtzaun hinunter folgen. Der zunächst aus Gras bestehende Weg ist bald gepflastert und führt an einem Steinpavillon mit Wasserquelle vorbei. Nach ein paar weiteren Metern haben Sie den zentralen Platz von Tsepelovo mit einem großen, urigen Baum und einem achteckigen Turm, die beide an Papigo erinnern, sowie einer Wasserquelle erreicht. An diesem zentralen Platz befinden sich mehrere Cafés und Restaurants, in denen Sie es sich gut gehen lassen und nach der anstrengenden Etappe entspannen können.

Tsepelovo

- Hotel Petrotechno, 3 Sterne, ☎ 00 30/265 30/811 00, rund 100 m vom Weg entfernt, ÜF im DZ ab € 70, ganzjährig
- Hotel Kamares, 3 Sterne, ☎ 00 30/265 30/810 08, www.hotelkamareszagori.com, tsepelovokamares@gmail.com, am Weg, ÜF im DZ ab € 65, ganzjährig
- Hotel Drakolimni, 3 Sterne, ☎ 00 30/265 30/813 18, www.drakolimni.com, info@drakolimni.com, am Weg, ÜF im DZ ab € 60, ganzjährig
- Hotel/Gästehaus Kadi, 2 Sterne, ☎ 00 30/265 30/810 29, rund 350 m vom Weg entfernt, ÜF im DZ ab € 65, ganzjährig
- Hotel Tymfi, 2 Sterne, ☎ 00 30/265 30/811 33, www.tymfi.com, info@tymfi.com, rund 350 m vom Weg entfernt, ÜF im DZ ab € 60, ganzjährig

Villa Paroraia, 4 Sterne, ☏ 00 30/265 30/810 88, www.villaparoraia.gr, info@villaparoraia.gr, wenige Meter neben dem Weg, ÜF im DZ ab € 70, ganzjährig

♦ Guesthouse Gouris, Gouri Anthoula, ☏ 00 30/265 30/812 14, goum30@gmail.com, wenige Meter neben dem Weg, ÜF im DZ ab € 30, ganzjährig. Die Zimmer des Gästehauses sind einfach, aber für den günstigen Preis definitiv in Ordnung. Neben einem Doppelbett oder zwei Einzelbetten, einem Sofa und einem kleinen eigenen Bad haben viele Zimmer noch einen kleinen Balkon mit Blick über die Dächer von Tsepelovo. Das Frühstück besteht aus Brot, Marmelade, Kuchen und Obst. Der Garten wird von den Besitzern liebevoll gepflegt und blüht im Sommer und Herbst in voller Pracht. Die Besitzer sind äußerst freundlich und begrüßen die Gäste mit einem Willkommensschnaps.

Mikri Arktos, ☏ 00 30/265 30/811 28, am zentralen Platz, ca. 18:30 bis 22:00 und nach Bedarf. Das Restaurant ist sehr zu empfehlen. Es gibt internationale, aber auch griechische Gerichte, z. B. Eisbein von der Jungziege. Die Vorspeisen, z. B. die griechischen Kuchen aus Blätterteig mit Spinat, Pilzen oder Feta, sind sehr lecker. Der Service ist vorbildlich und das Preis-Leistungs-Verhältnis wirklich gut. Darüber hinaus ist die Atmosphäre am offenen Kamin mit prasselndem Feuer äußerst gemütlich.

♦ Karavassilis Taverne, am zentralen Platz, ab ca. 18:30

♦ Zagorisio, südlich des zentralen Platzes, ☏ 00 30/265 30/810 71, abends

Irisches Café, ☏ 00 30/2653 081031, am zentralen Platz, nachmittags

Bar Ξάγναντο Καφέ Μπαρ, ☏ 00 30/2653 081006, östlich vom zentralen Platz, ab ca. 17:00

Kleiner Lebensmittelladen (Traditional grocery), ☏ 00 30/265 30/813 95, am zentralen Platz, schräg gegenüber dem Restaurant Mikri Arktos, abends und nach Bedarf, verfügt über das Nötigste (Kekse, Müsliriegel, Getränke)

Tsepelovo ist mit 261 Einwohnern (Stand 2011) eine der größeren Ortschaften des Zagori-Gebiets, vergleichbar mit dem bereits besuchten Papigo. Die Ortschaft, die rund 1.100 m über dem Meeresspiegel liegt, wurde im 16. Jahrhundert gegründet und entwickelte sich dank des Handels mit Holz bis zum 18. Jahrhundert zum administrativen Zentrum von Zagori. Die wirtschaftliche und soziale Blüte in der Region konnte der Ort bis zum Ende der Osmanischen Zeit erhalten. Es finden sich wieder alte, historische Wohnhäuser aus Schiefer und Stein, wie sie so typisch für diese Region sind. Feste, wie z. B. das Fest des 15.

Augustes, ein nationaler, hoher christlicher Feiertag zu Ehren der Jungfrau Maria, der auf einer Stufe mit Weihnachten und Ostern steht, finden auf dem zentralen Platz statt, zu dem alle Straßen führen. Er wird von einem im Grundriss achteckigen und 16 m hohen Glockenturm dominiert, der direkt neben der über die Region hinaus bekannten orthodoxen Kirche des heiligen Nikolaos steht. Die Kirche wurde 1753 renoviert und 1786 von den herausragenden Künstlern aus Kapesovo (Καπέσοβο) bemalt. Stolz ist man in dem Ort auf die lange Kunsthandwerkertradition.

Auf dem Friedhof des Örtchens wurde der Poet John Vilaras 1823 beigesetzt, der auf Kythira geboren wurde, nach Ausbruch des Unabhängigkeitskrieges seine Wahlheimat Ioannina verlassen musste und in der Zagori-Region Zuflucht fand. Berühmtester Sohn der Stadt ist Konstantinos Rados, ein Mitinitiator einer geheimen Bewegung in Griechenland (Filiki Eteria), welche die Unabhängigkeit Griechenlands vom Osmanischen Reich anstrebte.

Empfehlenswerte Extratour: Tsepelevo – Vradeto – Beloi – Tsepelevo (Τσεπέλοβο – Βραδέτο – Μπελόη – Τσεπέλοβο)

➲ *21,1 km,* ⌛ *6 Std.,* ↑ *877 m,* ↓ *880 m,* ⇧ *1.006-1.408 m*

0,0 km	⇧ 1.076 m	Tsepelovo
0,9 km	⇧ 1.214 m	Schrein mit Blick zurück auf die Stadt Tsepelovo
4,3 km	⇧ 1.149 m	Straßenkreuzung mit Abzweig Richtung Treppen von Vradeto
5,1 km	⇧ 1.081 m	Treppen von Vradeto
7,1 km	⇧ 1.327 m	Vradeto
8,1 km	⇧ 1.364 m	Parkplatz Aussichtspunkt Beloi
9,4 km	⇧ 1.393 m	Aussichtspunkt Beloi
14,5 km	⇧ 1.149 m	Straßenkreuzung mit Abzweig Richtung Tsepelovo
18,2 km	⇧ 1.052 m	Abzweig zum Kloster
20,6 km	⇧ 1.056 m	Tsepelovo Sportplatz
21,1 km	⇧ 1.076 m	Tsepelovo

Die heutige Wanderung können Sie zur Abwechslung mit leichtem Gepäck bestreiten, da Sie wieder nach Tsepelovo zurückkommen. Die berühmten Treppen von Vradeto (Vradeto Steps, Σκάλα Βραδέτου) sowie der schönste Ausblick in die Vikos-Schlucht von Beloi aus stehen heute auf dem Programm. Dazu geht es aus Tsepelovo hinaus immer weiter bergauf, mit schönem Blick zurück auf das Dorf. Haben Sie die Zielhöhe erreicht, können Sie auf einem Panoramaweg die wunderschöne Landschaft des Nationalparks genießen. Der Weg führt Sie bis kurz vor den Ort Kapesovo. Hier biegen Sie ab, um die Steintreppen nach Vradeto zu nehmen. Sie schlängeln sich kunstvoll den Berg hinauf und kosten auch mit Tagesrucksack einige Mühen. Kaum vorstellbar, dass diese Treppen bis 1974 mangels Straße der einzige Weg nach Vradeto waren. In Vradeto angekommen geht es weiter nach Beloi. Der Weg ist gut ausgeschildert und angenehm zu wandern. Der Aussichtspunkt Beloi bietet einen unvergesslichen Blick in die Schlucht. Ein Bild, das Sie so schnell nicht mehr vergessen werden. Haben Sie es irgendwann geschafft, sich wieder von der Aussicht abzuwenden, geht es demselben Weg wieder zurück oder Sie kürzen ab und wandern auf einer wenig befahrenen Straße zurück. Dieser Weg ist zwar länger, aber schneller zu gehen.

Da es sich bei dieser Rundtour um eine Abweichung vom Zagoria-Trek handelt, fehlt an einigen Stellen dessen rote Markierung. Der Weg ist trotzdem sehr gut zu erkennen und zu erwandern. Vom Schwierigkeitsgrad ist die heutige Tour als mittel einzustufen.

☺ *Diese Extratour ist wirklich empfehlenswert! Die Stufen von Vradeto und der Aussichtspunkt Beloi sind Sehenswürdigkeiten, die Sie unbedingt besuchen sollten, um ein vollständiges Bild von der Schönheit des Nationalparks zu bekommen.*

☺ *Statt nach Tsepelovo zurückzukehren, können Sie nach dem Aussichtspunkt Beloi auch direkt nach Kipi (Endpunkt der 4. Etappe) weiterwandern. Hierdurch sparen Sie einen Wandertag, allerdings müssen Sie Ihr gesamtes Gepäck über die Treppen von Vradeto tragen.*

Die Tour startet am gestrigen Schlusspunkt, dem achteckigen Kirchturm von Tsepelovo. Hier können Sie bei Bedarf noch einmal Ihre Wasserspeicher auffüllen. Sie gehen rechts am Kirchturm und an der Kirche Agios Nikolaos vorbei in eine schmalere, aber weiterhin gepflasterte Seitenstraße. Hier finden Sie auf dem Boden einen roten Strich als Markierung, dem Sie folgen. Als Nächstes sehen Sie einen roten Pfeil auf einem Holzmast und danach wieder einen roten Strich zu Ihren Füßen. Sie überqueren nach rund 50 m eine kleine Steinbrücke. Hinter der Brücke befindet sich auf der rechten Seite eine weiß ummauerte Quelle, die bei unserer Wanderung jedoch kein Wasser führte. Sie folgen den weiteren roten Strichen aus dem Dorf hinaus und erblicken an einem Abzweig zu Ihrer linken Seite eine Holztafel mit Wanderkarte. Diesem Weg folgen Sie, auch wenn er zu einem schmalen Pfad wird und sich dann den Berg hinaufschlängelt. Die Markierung durch rote Striche, Pfeile und Punkte ist gut sichtbar. Nach rund 500 m zeigt ein gelbes Hinweisschild an, dass es nach Kapesovo 1 Std. 5 Min. sind, nach Tsepelovo 20 Min. Die Zeit nach Kapesovo erscheint sehr optimistisch berechnet zu sein, wir haben länger gebraucht und sind nicht einmal bis nach Kapesovo gewandert, sondern vorher abgebogen. Vielleicht sind die Griechen aber auch einfach motiviertere Wanderer oder benötigen weniger Zeit, um die atemberaubenden Aussichten und die Natur zu genießen.

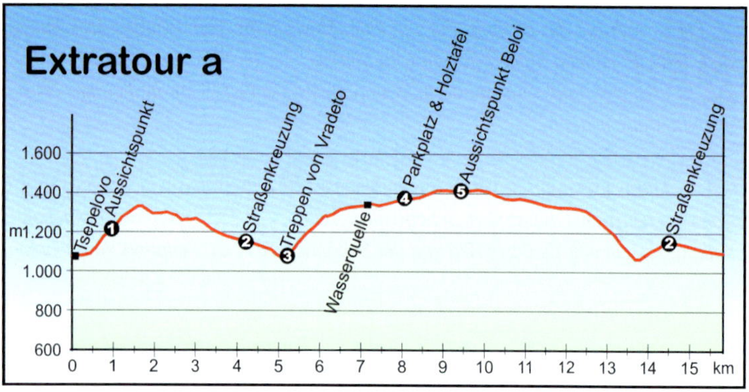

Als Nächstes erreichen Sie auf Ihrem recht steilen (Steigung rund 24 %) und mit Solarleuchten beleuchteten Pfad nach weiteren ca. 450 m einen Schrein aus Stein ❶. Die Solarleuchten sind tatsächlich auch abends aus Tsepelovo zu sehen, ebenso wie ein überdimensionales beleuchtetes Kreuz. Der Pfad führt weiter den Berg hinauf. Ein weiteres Hinweisschild in Gelb rund 490 m hinter dem Schrein verkündet anschließend, dass es noch 45 Min. nach Kapesovo sind. Achten Sie danach darauf, nicht dem breiteren Fahrweg nach rechts, sondern dem kleinen

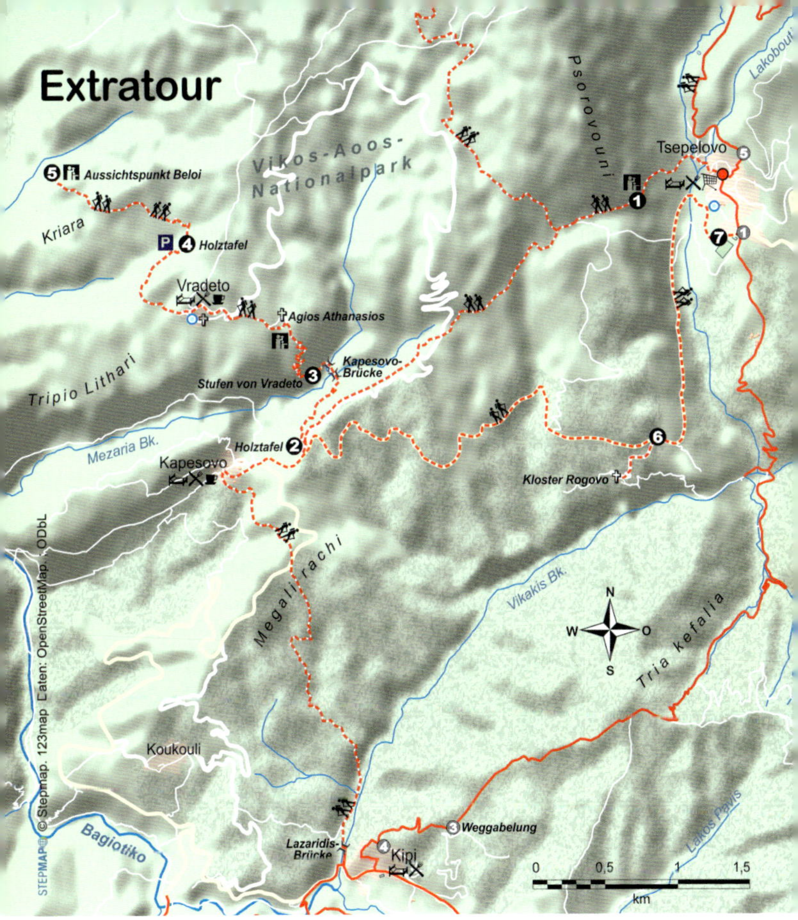

Pfad nach links zu folgen. Ein roter Pfeil und ein roter Strich markieren die Wegrichtung. Ihr Weg wird schließlich auch breiter und ebener. Auf diesem Abschnitt erfolgt die Wegmarkierung durch rote Pfeile auf weißen Schildern und rote Punkte. Auf einem heruntergefallenen gelben Schild etwa 200 m nach dem letzten Hinweisschild heißt es bald, dass es noch 40 Min. bis nach Kapesovo sind. Der anschließende Weg verläuft ohne große Steigung. Sie können also genüsslich die schönen grünen Hügel der Umgebung betrachten.

Der Weg führt Sie nach rund 1,4 km zu einer Straße. Dort steht ein kleines Schild, das mit „Tsepelovo" in die Richtung zeigt, aus der Sie kommen. Auf der Straße entdecken Sie zwei rote Doppelpfeile, am Anfang und am Ende der Überquerung. Der Pfad auf der anderen Straßenseite ist darüber hinaus bereits gut sichtbar. Er führt Sie zunächst etwas von der Straße weg und dann kurz wieder zu ihr zurück. Sie müssen jedoch nicht auf der Straße wandern, es gibt einen Pfad direkt daneben. Im Anschluss folgen Sie dem Weg mit einigen Metern Entfernung zur Straße bergab und sehen vor sich den kleinen Ort Kapesovo. Erneut erreichen Sie die Straße und sehen einen großen roten Doppelpfeil auf dem Boden. Ein kurzes Stück laufen Sie direkt auf der Straße, es fahren aber nur wenige Autos. Sie folgen dem Weg nach dem Überqueren der Straße für rund 1,2 km, bis Sie an eine Kreuzung kommen. Die Straße, von der Sie gekommen sind, führt für Autos nach Vradeto, die Straße geradeaus nach Kapesovo und die nach links abbiegende nach Tsepelovo. Eine Holztafel mit Wanderkarte ❷ – wie zuvor beim Verlassen von Tsepelovo – steht am Beginn des Weges zu den Stufen von Vradeto (Σκάλα Βραδέτου) zu Ihrer Rechten. Rechts neben der Karte führt ein breiter Weg um einen kleinen Hügel herum. Diesen wählen Sie und wandern hinunter zu einem Rastplatz mit gutem Blick auf die Stufen von Vradeto als Gesamtkunstwerk. Hier befindet sich eine weitere Holztafel mit weiteren Informationen zu den Treppenstufen. Daneben steht eine kleinere Infotafel zur serbischen Phoenixblume und zur Rosskastanie.

Ein schmaler Pfad führt bergab und rund 350 m nach der letzten Infotafel erreichen Sie eine weitere über Heilpflanzen der Umgebung. Der Pfad wird zu einem gepflasterten Weg und führt zu einer großen Steinbrücke, die Sie überqueren. Sie hat keinen speziellen Namen und wird im Allgemeinen nur Kapesovo-Brücke genannt, da sie näher zu Kapesovo liegt. Die begehbare Fläche ist 22 m lang und 1,80 m breit. Darauf folgend können Sie etwas über Steinpflanzen auf einer Infotafel lesen, bevor Sie die nächste, etwas kleinere Steinbrücke überqueren. Diese hat ebenfalls keinen richtigen Namen und ist eher unscheinbar, da sehr stark bewachsen. Es handelt sich um eine Steinbrücke mit einem Bogen und einer begehbaren Fläche von 17,10 m Länge und 2,50 m Breite.

Ein Schrein markiert den Beginn der Stufen von Vradeto ❸. Für weitere Informationen steht Ihnen gleich zu Beginn auch eine Infotafel zur Orientierung und zur Vegetation zur Verfügung. Dann geht der Spaß über die vielen kleinen Treppenstufen los und Sie können über den kommenden Kilometer einen Anstieg von

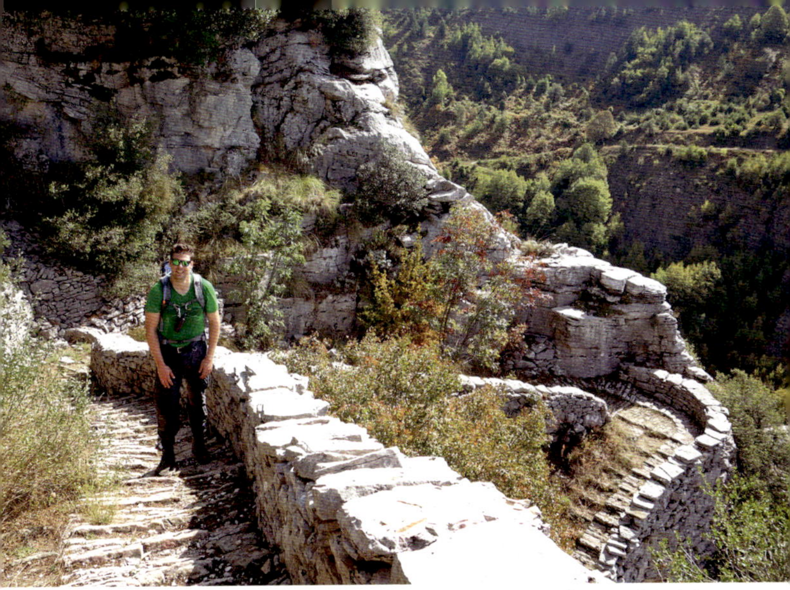

Die Stufen von Vradeto

rund 21 % genießen. Man sagt, ein Esel sei der Architekt der Stufen gewesen, und während Sie Stufe für Stufe hinaufsteigen, werden Sie wahrscheinlich öfters an diesen Spruch denken. Je höher Sie kommen, desto schöner wird der Blick und desto weniger können Sie sich vermutlich vorstellen, dass dies bis 1974 der einzige Weg nach Vradeto war, weil es keine Straße gab.

Sie sind schon über viele Stufen gelaufen, wenn Sie zu einer Infotafel zu den endemischen Pflanzenarten Griechenlands und der Balkanhalbinsel kommen. Danach haben Sie einen wunderschönen Blick zurück auf Kapesovo. Am Ende der Steintreppe (Skala) sehen Sie zu Ihrer Rechten die Kirche Agios Athanásios (Άγιος Αθανάσιος), die zunächst wie ein kleines Steinhaus aussieht. Anschließend kommen Sie kurz nach der Kirche an einer Infotafel zu Pflanzen, die unter Schutz stehen, vorbei. Der Weg besteht jetzt aus Steinen und Schotter und führt Sie zu einem gelben Schild, das Ihnen mitteilt, dass es noch 5 Min. bis Vradeto sind. Bevor Sie in Vradeto eintreffen, sehen Sie rund 240 m nach dem gelben Schild einen Holzpfeil, der zurück zeigt und auf die Treppe (Skala) sowie die Kirche Agios Athanásios aufmerksam macht. Anschließend erreichen Sie eine Holztafel mit einer Wanderkarte und einem weiteren Hinweis zu den Treppen nach links sowie Werbung für das in Vradeto gelegene Bistro/Café Skala Vradetou nach rechts. Der Wanderweg führt Sie über eine geteerte Straße, auf der auch Autos fahren können, die letzten Meter in den Ort Vradeto hinein.

Vradeto

Gästehaus Balkoni Zagoriou, 00 30/69 37 14 22 41, www.balkonizagoriou.gr, info@balkonizagoriou.gr, am Weg, ÜF im DZ ab € 62, ganzjährig

Vradeto Tavern, keine Kontaktdaten bekannt

Café Skala Vradetou (Η Σκάλα του Βραδέτου), 00 30/69 45 12 75 60, 11:30 bis 14:30 bzw. nach Bedarf

In Vradeto angekommen verlassen Sie die geteerte Straße nach dem ersten Haus zu Ihrer Rechten und halten sich bei der ersten Weggabelung halb rechts, um auf einen gepflasterten kleinen Weg zwischen den Häusern zu gelangen. Sie folgen der roten Markierung auf den Steinen, die teilweise etwas spärlich ist, und erreichen eine Infotafel zur wundersamen Flora der Vikos-Schlucht, auf der sich auch wieder ein großer Hinweis auf die Treppen von Vradeto befindet. Danach erreichen Sie die Hauptkirche des Ortes, die Heilige Kirche der Geburt der Jungfrau Maria (Ιερός Ναός Γεννήσεως της Θεοτόκου), die ein blaues Eingangstor besitzt. Direkt daneben befindet sich eine Taverne. Dem markierten Weg folgend erreichen Sie drei gelbe Hinweisschilder. Das unterste sagt, dass es nur noch 35 Min. bis zum Aussichtspunkt Beloi sind. Rechts hinter den Hinweisschildern befindet sich eine Quelle zum Wasserholen. Möchten Sie statt Wasser lieber ein Heißgetränk, können Sie sich in das Café Skala Vradetou (Η Σκάλα του Βραδέτου) setzen, das kurz danach auf der linken Seite zu finden ist. Im Café hängt eine Weltkarte. Sind Sie die erste Besucherin/der erste Besucher aus einem Land, in dem noch keine Stecknadel steckt, bekommen Sie ein lokales Freigetränk.

Der Weg führt Sie nun aus dem kleinen Zentrum hinaus und Sie erreichen eine weitere Autostraße. Hier halten Sie sich links in Richtung des Hinweisschildes „Μπελόη“ (Beloi, gelbe Schrift auf ausgeblichenem Holz). Sie gehen hier auch an dem Hotel Balkoni Zagoriou (Μπαλκόνι Ζαγορίου) vorbei. Die Straße wird zu einem Schotterweg und Sie passieren eine Holztafel sowie ein blaues Straßenschild. Nach dem Straßenschild sind es noch 30 Min. bzw. 2 km bis zum Aussichtspunkt Beloi.

Dem Schotterweg folgend kommen Sie an Bienenkästen vorbei, die zum Schutz vor wilden Tieren, vor allem Bären, mit einem Elektrozaun geschützt sind. Nach rund 800 m erreichen Sie eine weitere Holztafel ❹. Bis hierhin hätten Sie auch mit einem Auto fahren und dann hier parken können. Nun biegt der Weg an einem Schild mit gelber Schrift und gelbem Pfeil für den Aussichtspunkt nach links in einen Pfad ab. Das Eingangsschild besagt, dass es noch 20 Min. (rund 1,4 km, Anm. d. Verf.) bis zum Aussichtspunkt sind. Die weiteren Schilder mit 15, 10, 5 Min. zählen den Countdown. Zusätzlich steht am Weg noch ein gelbes Schild mit der Aufschrift „BELOI PLACE" auf dem Weg. Oft grasen Kühe in der Nähe des Pfades und betrachten Sie neugierig. Meist haben sie Glocken um die Hälse hängen, sodass Sie sie früh bemerken. Der Weg führt anschließend an einer Holztafel vorbei und danach zwischen großen Felsen hindurch. Die Felsen erinnern an die bekannten Pancake Rocks in Neuseeland, weshalb wir sie auch in Griechenland Pfannkuchenfelsen genannt haben. Durch ihre mehreren Gesteinsschichten sehen sie so aus, als seien Pfannkuchen übereinandergestapelt worden. Und dann ist es so weit! Sie erreichen den Ausblick Beloi und haben die wunderschönste Aussicht auf die Vikos-Schlucht. Genießen Sie den Anblick und nehmen Sie sich Zeit für die Schönheit der Natur.

Die schönste Aussicht in die Schlucht – der Aussichtspunkt Beloi

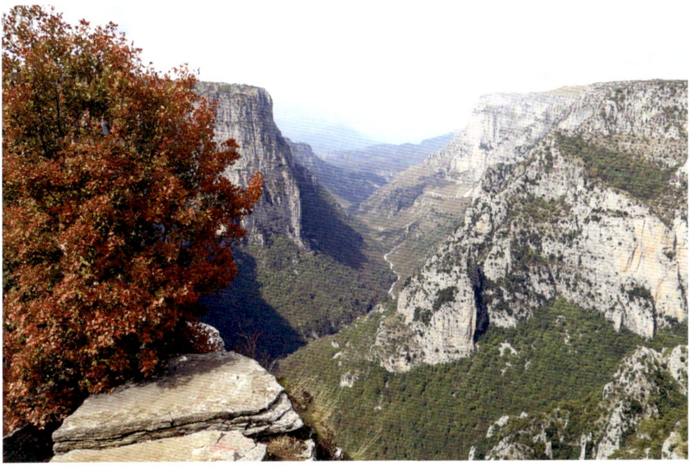

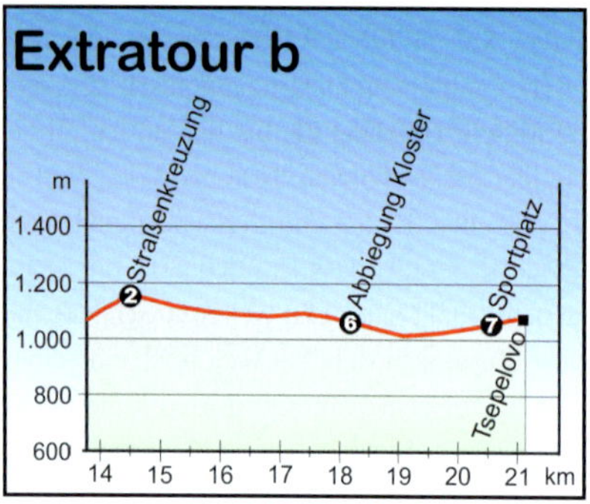

Danach geht es auf demselben Weg wieder zurück nach Vradeto und von hier aus an der Kirche vorbei zu den Treppenstufen. Der Weg hinab ist nicht unbedingt weniger anstrengend, macht aber auch Spaß. Vielleicht haben Sie Glück und erblicken noch sonnenhungrige Eidechsen, die sich nicht von Wanderern stören lassen. Wenn Sie den Abstieg gemeistert haben und wieder die Holztafel mit Wanderkarte ❷ erreicht haben, liegt die Kreuzung, welche Sie bereits auf Ihrem Hinweg gesehen haben, vor Ihnen. Die drei Richtungen ermöglichen auch drei Varianten für den weiteren Weg.

Rückweg über die Straße nach Tsepelovo

Gehen Sie an der Kreuzung nach links Richtung Tsepelovo. Dieser Weg führt Sie nach rund 6,6 km auf den Marktplatz in Tsepelovo. Allerdings haben Sie hier kaum Höhenmeter zu bewältigen und benötigen daher eine deutlich geringere Zeit als bei der unten beschriebenen Variante über den Hinweg. Beachten müssen Sie nur, dass von Zeit zu Zeit Autos diese Straße nutzen. Nach rund 3,7 km zweigt nach rechts ein Weg von der Straße ab ❻, der zum Kloster Rogovo (Μονή Ιωάννου Ρογκοβού) führt. Es soll im 11. Jahrhundert erbaut worden sein und beherbergt eine unersetzbare Bibliothek. Das Kirchenschiff wurde 1749 durch den Mönch Nikodemus aus Konitsa erbaut. Berühmte Maler der damaligen Zeit aus Kapesovo haben die Kirche dekoriert und ausgestaltet. Das Wort Rogovo steht für „Land mit vielen Schluchten“ auf Slawisch und „steile Orte“ auf Serbisch.

Der achteckige Turm von Tsepelovo

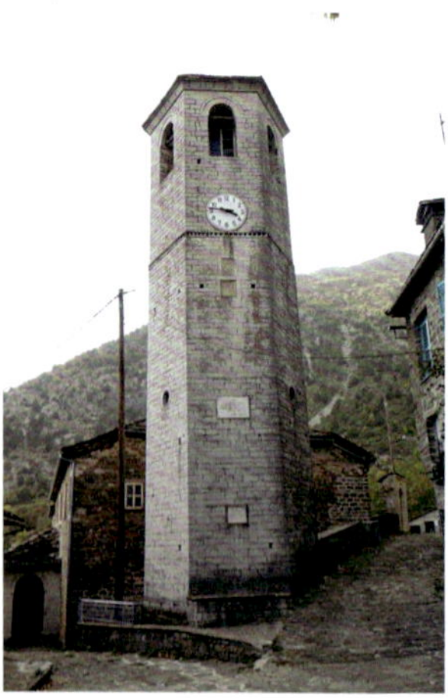

Beim Abzweig zum Kloster befindet sich zu Ihrer Linken ein einzelnes kleines Haus mit vergitterten Fenstern und nach weiteren rund 150 m erreichen Sie auf der rechten Seite ein Umspannwerk. Kurz vor Tsepelovo und ca. 1,8 km nach dem Umspannwerk sehen Sie auf der linken Seite eine Quelle. Sie wandern weiter die Straße entlang und entdecken rechts den Sportplatz von Tsepelovo ❼. An mehreren Hotels vorbei wandern Sie wieder in den Ort und erreichen den achteckigen Turm, an dem Sie Ihre Wanderung gestartet haben, nach insgesamt rund 21,1 km.

Rückweg wie Hinweg

Alternativ wandern Sie auf der Autostraße nach Norden in Richtung Vradeto und gehen somit dieselbe Strecke wie auf dem Hinweg. Nach rund 4,3 km erreichen Sie den zentralen Marktplatz in Tsepelovo, den Ausgangspunkt der heutigen Wanderung.

Rückweg direkt nach Kipi

Durch die Wahl dieser Alternativroute ersparen Sie sich die 4. Etappe, die sonst mit dem Ziel Kipi enden würde. Sie müssen dann allerdings Ihr gesamtes Gepäck mitnehmen und können den Aussichtspunkt Beloi nicht mit dem Tagesrucksack erkunden.

Für den direkten Weg nach Kipi folgen Sie der Autostraße nach rechts in Richtung Kapesovo, welches Sie zu Ihrer rechten Seite sehen. Optional können Sie den Ort besuchen und einmal um den Ortskern schlendern. Das Dorf ist sehr übersichtlich, aber wie in allen Dörfern in der Region sind die Bewohner herzlich und einladend, wenn Sie einen treffen.

Kapesovo

- Terpsichori Guesthouse, ☏ 00 30/265 30/717 36, ÜF im DZ ab € 65, Mai bis September
- ♦ Archontiko Tzoufi, ☏ 00 30/265 30/717 36, www.arhodiko-tzoufi.gr/kapesovo, arhodikotzoufi@gmail.com, ÜF im DZ ab € 65, Mai bis September

Sie folgen anschließend der Autostraße für einen weiteren Kilometer. Zu Ihrer linken Seite taucht eine Art Aussichtsplattform mit einem Hinweisschild auf. An diesem Punkt verlassen Sie die Straße, um auf einen kleinen Pfad auf der linken Seite einzubiegen. Der linke Pfad führt Sie leicht abschüssig in Richtung Kipi.

Nach rund 550 m biegt der Pfad scharf rechts ab, aber der Weg ist gut sichtbar und Sie verlassen ihn einfach nicht. Der Weg führt weiterhin leicht abschüssig den Bergrücken entlang. Nach weiteren ca. 1,4 km taucht links von Ihnen ein Fluss bzw. ein Flussbett auf. Flüsse sind besonders in der Region um Kipi gute Orientierungspunkte, da speziell die zahlreichen Steinbrücken um den Ort sehr bekannt und einzigartig sind. Sie halten sich weiterhin links auf dem Weg und ignorieren auch einen möglichen Abzweig nach rechts. Vielmehr streben Sie dem Fluss entgegen und überqueren diesen über die bekannte Lazaridis-Brücke. Nach der Brücke führt der Weg nach rechts weiterhin parallel zum Fluss in Richtung der Autostraße. Nach rund 130 m erreichen Sie die Straße und betreten sie hinter der geteerten Brücke, welche Sie bereits von der Lazaridis-Brücke sehen konnten. Sie gehen an einem Parkplatz zu Ihrer rechten Seite vorbei und erreichen das Dorfzentrum von Kipi nach insgesamt rund 4,4 km Wanderstrecke ab der Holztafel an der Kreuzung ❷.

4. Etappe: Tsepelovo – Kipi (Τσεπέλοβο – Κήποι)

➲ 9,1 km, ⌛ 2 Std. 30 Min., ↑ 279 m, ↓ 590 m, ⇧ 761-1.076 m

0,0 km	⇧ 1.076 m	Tsepelovo 🛏 ✕ ☕ 🍷
0,5 km	⇧ 1.059 m	Sportplatz Tsepelovo / Weggabelung
2,8 km	⇧ 815 m	Brücke Chatsiou
7,4 km	⇧ 879 m	Weggabelung vor Kipi
8,3 km	⇧ 805 m	Kirche des heiligen Nikolaos
9,1 km	⇧ 750 m	Kipi 🛏 ✕

Diese Etappe führt Sie zunächst aus Tsepelovo hinaus zum Sportplatz. Hinter dem Sportplatz führt ein breiter, angenehm zu laufender Weg zurück in die Natur. Sie überqueren eine hübsche Rundbogenbrücke und können eine weitere entdecken, indem Sie den Wanderweg verlassen und ein Stück nach rechts weitergehen. Nach der Brücke laufen Sie in Serpentinen durch den Wald bergauf und haben wunderschöne Ausblicke auf die vielen grünen Hügel des Vikos-Aoos-Nationalparks. Sie sehen die ersten Häuser von Kipi und verlieren wieder an Höhe. Der Wanderweg führt aus dem Wald hinaus und Sie kommen zu den

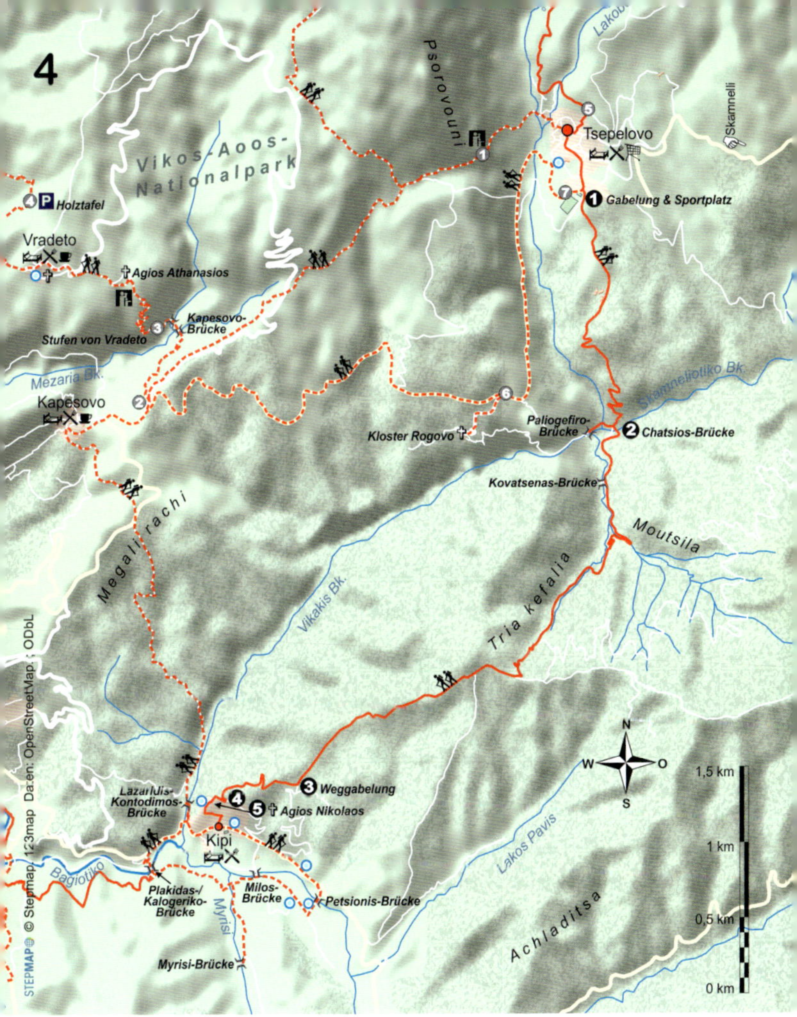

höchstgelegenen Häusern von Kipi. Quer durch den Ort geht es zur Hauptstraße, an der mehrere Restaurants und Hotels liegen. Von hier aus ist eine weitere Wanderrunde möglich, um im Umland liegende Brücken zu erkunden. Der heutige Weg ist gut ausgeschildert und vom Schwierigkeitsgrad leicht.

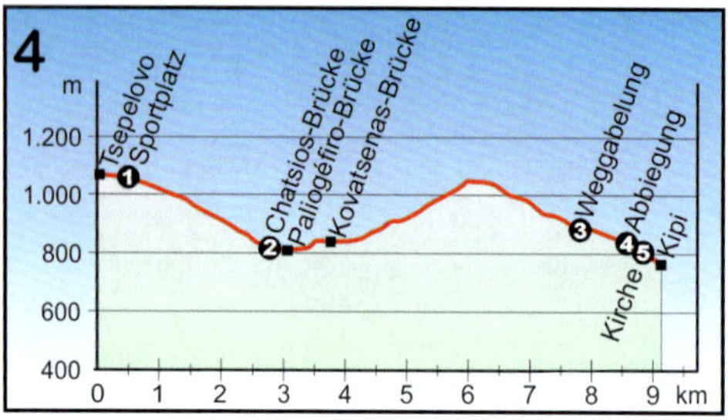

Vom Startpunkt am achteckigen Kirchturm verlassen Sie Tsepelovo Richtung Südwesten und folgen der größeren Straße in Richtung Ortsausgang. Dabei laufen Sie an der Taverne To Zsgorisio und dem danebenliegenden Dekorationsladen „Treibholz" (Τρυποκαρυδος – englischer Untertitel „Woodpecker", also Specht) sowie an den Hotels Drakolimni und Kamares vorbei. Danach befindet sich auf der rechten Seite das Ortsausgangsschild von Tsepelovo und anschließend eine Kunstschule (Athens School of Fine Arts Tsepelovo Annex). Bald sehen Sie einen Basketballplatz und dahinter ein Fußballfeld. Noch bevor Sie den Sportplatz erreichen, führt ein breiter Schotterweg nach links in die Natur hinein. Das ist der Weg nach Kipi. Am Anfang befindet sich hier auch eine Infokarte, die jedoch ausschließlich auf Griechisch verfasst ist. Kurz nachdem Sie in den Schotterweg eingebogen sind, stehen Sie vor einer Weggabelung ❶. Für den Weg nach Kipi halten Sie sich links. Der andere Weg nach rechts führt lediglich hinter dem Sportplatz entlang zur Autostraße Richtung Kapesovo. Wenn Sie einige Meter nach der Gabelung auf der rechten Seite einen Schrein entdecken, sind Sie auf dem richtigen Weg.

Nach rund 730 m hinter der Weggabelung gehen Sie dann an mehreren weißen Gebäuden mit hellblauen Wellblechdächern vorbei. Während sich auf der rechten Seite die Gebäude befinden, sehen Sie links mehrere kaputte Autos, die hier schon eine längere Zeit zu stehen scheinen. Der Weg verläuft zunächst eben. Genießen Sie die Ruhe und Natur, hier begegnen Sie tatsächlich wenig anderen Wanderern. Nach diesem kurzen ebenen Wegabschnitt geht es nun wieder in einen aus Serpentinen bestehenden Abstieg. Ein weiterer kleiner Weg führt nach links, diesen ignorieren Sie. Nach weiteren ca. 1,5 km erreichen Sie die Brücke Chatsios ❷. Sie können bei niedrigem Wasserstand links durch das Flussbett vorbeigehen oder über die Brücke wandern. Das Flussbett bietet Ihnen die Chance, sehr schöne Fotos der Brücke aufzunehmen. Sie stammt aus dem Jahr 1804 und wurde von Lambros Chatsios aus Tsepelovo gesponsert. Die Brücke ist 9,90 m hoch und in einer Länge von 43,20 m und einer Breite von 4,90 m begehbar.

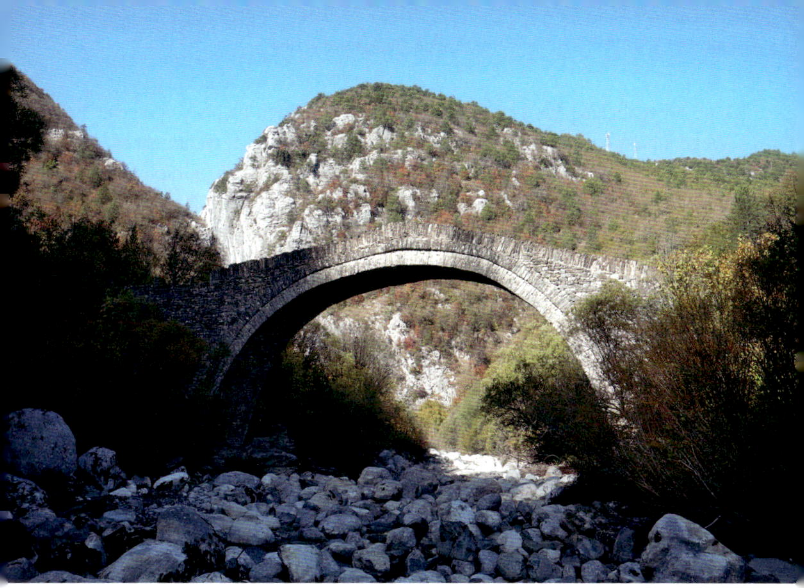

Brücke Chatsios

Hier haben Sie die Möglichkeit, nach rechts auf einem kleinen Pfad durch Bäume und Sträucher weiterzuwandern, um einen kurzen Abstecher zu einer der ältesten Brücke des Zagori zu unternehmen. Die zweite Brücke namens Paliogefiro ist rund 230 m von der Chatsios-Brücke entfernt. Es wird vermutet, dass diese Brücke bereits 1700 in einer Höhe von 10 m über dem Skamneliotiko-Fluss erbaut wurde. Gesponsert wurde sie durch Georgios Partalis aus Skamneli.

Nach der Erkundung der beiden Brücken wandern Sie ein kurzes Stück bergauf und folgen dann dem wieder relativ ebenen Weg. Die Kovatsenas-Brücke, die um 1770 erbaut wurde, erwartet Sie nach weiteren rund 430 m rechts hinter Büschen und Bäumen versteckt. Sie gehen nicht über die Brücke, sondern folgen weiter dem Schotterweg. Im Anschluss können Sie sich langsam auf den vor Ihnen liegenden Anstieg vorbereiten. Dieser beginnt sachte und führt Sie über rund 2,1 km mit einer durchschnittlichen Steigung von 10 % in Serpentinen über den Berg. Ein großes weißes Schild mit rotem Pfeil zeigt in die Richtung, in die Sie weiterwandern. Oben angekommen geht es gemächlich rund 1,8 km bergab. Sie bleiben dabei immer auf dem Schotterweg und biegen nicht ab. Als Markierung finden Sie später einen Stein mit einem gelben Pfeil. Danach kommen Sie an eine Weggabelung ❸, bei der es geradeaus und nach rechts weitergeht. Beide Wege führen nach Kipi, Sie nehmen jedoch den Weg nach rechts, da es auf diesem mehr zu entdecken gibt. Eine Markierung befindet sich an dieser Weggabelung leider nicht. Als kleine Information am Rande: Man bemerkt die Nähe zu Kipi zumindest im Spätsommer durch das vermehrte Auftauchen von kleinen, fliegenden Insekten, die Sie umschwirren. Diese stechen oder beißen nicht, sind aber trotzdem sehr lästig, da sie die Wandernden ständig umschwirren. Diese Tiere begleiteten unsere Reise allerdings nur in der Region um Kipi bis nach Dilofo.

Der Weg führt nach rund 230 m an einer Kirche auf der rechten Seite vorbei. In Serpentinen geht es hinunter nach Kipi. Die ersten Häuser des Ortes werden sichtbar. Sie kommen ca. 660 m nach der Kirche zu dem ersten Haus, einem mehrstöckigen Wohnhaus mit grünen Fensterläden. Hier folgen Sie nicht dem gepflasterten Weg geradeaus, der Sie z. B. zum Hotel Archontiko oder den Kipi Suites führen würde, sondern biegen vor diesem Haus nach rechts auf einen ebenfalls gepflasterten Weg ab ❹. Als wir an dem Haus vorbeigingen, kamen mehr als fünf Hunde, zumeist kleine, aus dem Haus gelaufen und betrachteten uns, eingesperrt hinter dem Gartentor, sehr neugierig. Sie wandern weiter hinunter. Ein weiterer Weg kreuzt Ihren Weg. Sie bleiben auf dem bisherigen und wandern geradeaus weiter. Danach kommen Sie an der hübschen Kirche Agios Nikolaos ❺ mit großen weißen Bögen im Vorhof vorbei. Bei einer Quelle auf der rechten Seite können Sie noch einmal etwas trinken, anschließend führt der Weg weiter durch die Häuser von Kipi. Die Markierung mit einem gelben Punkt ist teilweise etwas spärlich. Sie laufen direkt auf ein Haus zu. Vor diesem müssen Sie kurz nach links abbiegen. Sie bleiben auf dem mit unterschiedlich großen Steinen gepflasterten Weg. Dann stehen Sie an einer Abbiegung. Hier halten Sie sich links und nehmen nicht den Weg nach rechts in Richtung Artemi's Guest House. Zwischen den Häusern hindurch laufen Sie bald am Kipi Aggelon Boutique Hotel sowie einer weiteren Quelle ohne Wasser vorbei und biegen nach rechts in Richtung der Polizeistation des Ortes ab. Schließlich erreichen Sie die Hauptstraße und kommen direkt bei dem Hotel Machalas sowie dem Restaurant/Café Margaritas heraus.

Nach dieser Wanderung haben Sie etwas Entspannung und ein leckeres Essen in Kipi verdient. Das kleine Dorf bietet reichlich Möglichkeiten zur Erholung und zum Genuss. Außerdem können Sie noch eine kleine Verdauungswanderung zu den Brücken nahe Kipi unternehmen (☞ Extratour).

Kipi

Eine alternative Schreibweise für den Ortsnamen ist Kipoi.

Hotel Machalas, 3 Sterne, ☏ 00 30/265 30/716 30, www.machalas.gr, info@machalas.gr, am Weg, ÜF im DZ ab € 85 (über Booking.com ab € 60), ganzjährig, Restaurant: ab mittags bis ca. 23:00. Das Hotel Machalas besteht aus mehreren wunderschönen Steinhäusern mit komfortabler Inneneinrichtung. Die Hotelbesitzer sind sehr freundlich und auch das Frühstück bietet eine gute Vielfalt an Brot, Aufschnitt, Kuchen und Obst. Das Preis-Leistungs-Verhältnis stimmt und wir können das Hotel wärmstens empfehlen. Das Restaurant Stou Michali des Hotels liegt gegenüber und serviert griechische und für die Zagori-Region typische Küche. Wir waren gleich zwei Mal dort essen, weil es so lecker war. Das Preis-Leistungs-Verhältnis stimmt und der Service ist gut.

Kipi Suites, ☏ 00 30/265 30/719 95, www.kipisuiteszagori.reserve-online.net/about oder www.ariahotels.gr/en/content/kipi/welcome-8, kipisuites@ariahotels.gr, ca. 200 m vom Weg entfernt, ÜF im DZ ab € 80, ganzjährig

♦ Artemi's Guesthouse, ☏ 00 30/265 30/716 44, spititouartemi.gr, info@spititouartemi.gr oder reservations@spititouartemi.gr, ca. 150 m vom Weg entfernt, ÜF im DZ ab € 50, ganzjährig

♦ Molinas Boutique Hotel B&B, ☏ 00 30/265 30/711 25, am Weg, ÜF im DZ ab € 100, ganzjährig

Restaurant Margaritas, neben dem Hotel Machalas, ☏ 00 30/265 30/714 10, von nachmittags bis zum frühen Abend

Extratour: Brückenrunde

Bei dieser kleinen Zusatzrunde (rund 3,4 km, 2 Std. Wanderzeit) können Sie vier schöne und historische Brücken in der Nähe von Kipi betrachten. Als Startpunkt für die Brückenrunde dient das Hotel Machalas. Sie folgen der Hauptstraße für rund 700 m nach Südwesten. Dabei sehen Sie zu Ihrer linken Seite eine Wasserquelle und auf der rechten einen Basketballplatz. Kurz danach laufen Sie auch an einer orthodoxen Kirche vorbei. Auf der Straße finden Sie ab und an wieder den bekannten roten Strich. Kurz hinter dem Ortsausgangsschild von Kipi führt ein Feldweg nach rechts. Dort ist auch ein Schild zu sehen, das auf die nahe gelegene

Milos-Brücke und eine Mühle hinweist. Diese Brücke werden Sie als zweite besuchen, deshalb können Sie weiter auf der Straße geradeaus gehen. Bis zu Ihrer Abzweigung sind es noch rund 520 m. Auf dem Weg dorthin sehen Sie einen Feldweg, der nach links abbiegt. Hinweisschilder weisen Ihnen den Weg zu den Kipi Suites und dem Hotel Archontiko. Sie merken schon: Wenn Sie diesem Abzweig folgen würden, wäre die Gabelung am Ortseingang ❹ Ihr nächstes Ziel. Nach weiteren rund 100 m sehen Sie auf der linken Seite eine Abzweigung auf einen ansteigenden Feldweg. Dieser würde Sie zu Weggabelung vor Kipi ❸ führen. Auf Griechisch finden Sie dort auch ein Hinweisschild, das auf den Weg nach Tsepelovo aufmerksam macht. Nach weiteren rund 350 m führt ein kleiner, unscheinbarer Fußweg von der Autostraße nach rechts hinab, diesem folgen Sie. Die Petsionis-Brücke (Länge: 45,50 m, Breite: 3 m) erreichen Sie dann nach rund 100 m. Sie ist im Vergleich zum Großteil der anderen berühmten Brücken des Zagori relativ jung, da sie „erst" 1830 erbaut wurde. Architektonisch ähnelt die Brücke auch anderen in der Region: Sie besteht aus einem großen Haupt- und einem zweiten, kleineren Bogen. Gesponsert wurde diese Brücke von Theodoros Petsionis aus Dilofo. Sie liegt versteckt, umgeben von hohen Bäumen, die im Flussbett des Bagiotiko-Flusses wurzeln und damit auch diesen sehr gut verbergen.

Petsionis-Brücke (1830) in Kipi

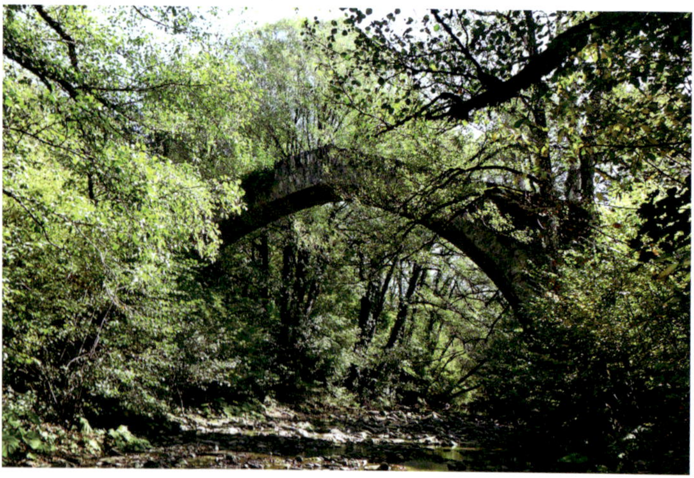

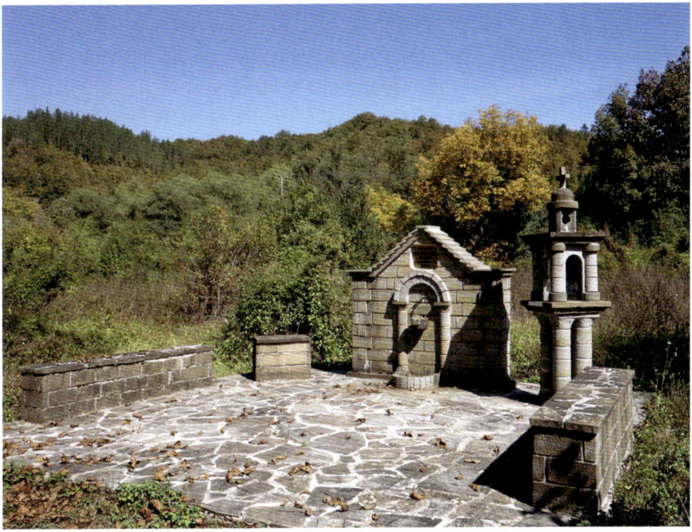

Wasserquelle

Nach dem Überqueren folgen Sie dem Weg für rund 100 m, sehen dabei auf der rechten Seite eine Wasserquelle und biegen an der folgenden T-Kreuzung rechts ab. Bis zur nächsten Brücke liegen lediglich etwa 480 m vor Ihnen. Auf dem Weg taucht im ersten Drittel rechts vor Ihnen eine sehr schöne Wasserquelle auf. Sie sieht modern und großzügig aus und man fragt sich unweigerlich, warum sie 2006 so ins Nichts gesetzt wurde. Sie wissen, dass Sie auf der Höhe der Milos-Brücke sind, wenn Sie auf der linken Seite ein steinernes Haus und einen verwitterten Weg sehen. Dann halten Sie sich rechts und wandern kurz hinab zur bekannteren Milos-Brücke (Länge: 50 m, Breite: 2 m), die 1748 erbaut wurde und aus zwei großen und einem kleineren Bogen besteht. Die Brücke wurde nach der alten, ehemals der Kirche gehörenden Mühle benannt, die Sie kurz nach der Überquerung der Brücke auf der rechten Seite sehen. Da es neben der Milos-Brücke eine größere Autobrücke über den Fluss gibt, wird sie nicht wirklich gebraucht. Sie zu überqueren macht trotzdem viel Spaß.

Nachdem Sie diese Brücke erkundet haben, kehren Sie wieder zu dem Steinhaus zurück und haben nun folgende Wahl:

1. Sie folgen dem Weg, indem Sie an dem Steinhaus entlanggehen. Am Haus befindet sich eine Steinmauer. Am Ende dieser Mauer, wo sich ein Holzmast mit einer Lampe befindet, geht der Weg weiter. So kommen Sie zur Myrisi-Brücke (Länge: 22 m, Breite: 2,90 m). Die Steinbrücke mit einem Bogen wurde 1747 als Überquerung des Myrisi-Flusses unter Schirmherrschaft von Chatzi-Giannousi Partali aus Skamneli errichtet. Allerdings ist der Weg nicht besonders schön, da er schlecht beschildert ist und auf den Wiesen gerne auch Schlangen ein Sonnenbad nehmen. Zudem ist die Attraktivität der Brücke sehr begrenzt. Daher empfehlen wir den direkten Weg zur berühmtesten Brücke des Zagori.

2. Sie folgen weiter dem Weg, der Sie von der Petrionis- zur Milos-Brücke gebracht hat. Dieser ebene Trampelpfad weist weiterhin die signifikanten roten Markierungen auf Steinen auf. Für rund 600 m ist er leicht abschüssig bis eben und lässt sich sehr entspannt wandern. Anschließend steigen Sie für rund 300 m leicht bergauf. Die Steigung ist aber vernachlässigbar. Hier haben Sie noch einmal einen schönen Blick auf Kipi. Anschließend erreichen Sie einen weiteren Abzweig,

Blick auf Kipi

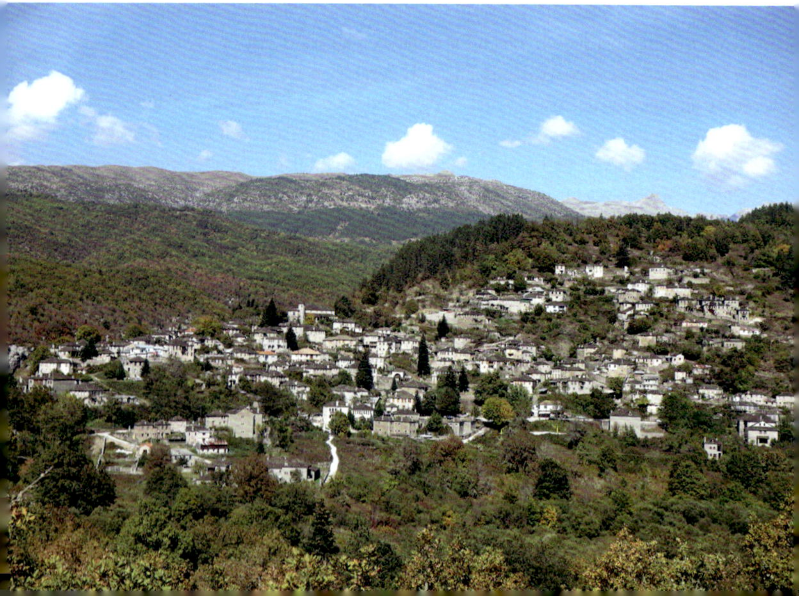

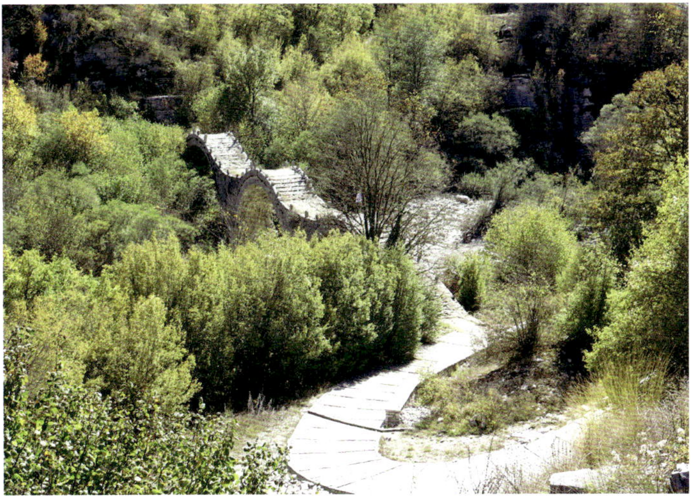

Plakidas-Brücke

an dem Sie rechts in Richtung der Autostraße abbiegen. Von hier aus sehen Sie bereits die vermutlich berühmteste Brücke der Zagori-Region: die Plakidas-/Kalogeriko-Brücke (Länge: 56 m, Breite: 3,15 m). Sie wurde 1814 als Holzbrücke unter Schirmherrschaft von Zotos Roussis errichtet. Durch die Finanzierung des Abtes des Klosters von Kipi wurde das Holz später durch Stein ersetzt. Deshalb wird diese Brücke auch Kalogeriko genannt, was „klösterlich" bedeutet. 1865 wurde die Brücke durch die Gebrüder Plakidas restauriert und hat dadurch den zweiten Namen erhalten. Die Besonderheit und Schönheit der Konstruktion ergibt sich aus den Bögen, die eine Bewegung darstellen und z. T. an einen sich bewegenden Wurm erinnern. Da die schöne Brücke nah an der Straße liegt, nutzen auch viele Autofahrer die Möglichkeit, ein Foto zu machen. Dieser Umstand und die bemerkenswerte Form sind Gründe für die Bekanntheit dieser Brücke.

Nachdem Sie sie überschritten haben, folgen Sie dem Verlauf des Pfades zur Straße, die Sie nach rund 230 m erreichen. Dort biegen Sie nach rechts ab und nach weiteren rund 300 m überqueren Sie gemeinsam mit den Autos eine moderne Brücke. Als Tipp: Sie sollten sich bei dieser Überquerung bereits auf der linken Seite befinden. Auf diese Weise können Sie beim Blick flussaufwärts versuchen, die Lazaridis-Kontodimos-Brücke (Länge: 20 m, Breite: 2,90 m) zu entdecken, an der Sie auch bei der morgigen Etappe noch einmal vorbeikommen werden. Sie können auch einfach nach dem Überqueren der Brücke dem Abzweig nach links auf einen Pfad für rund 130 m folgen und stehen anschließend direkt auf der Brücke, die 1753 durch den Finanzier Tolis Kontodimos aus Vradeto erbaut wurde, dessen Name dafür auch der erste Name der Brücke wurde. Neben der Brücke siedelte sich dann ein Lehrer namens Kostas Lazaridis aus Koukouli an und betrieb eine Mühle. Auf ihn geht der heute gebräuchlichere Name zurück.

Nachdem Sie über denselben Weg zurück zur Hauptstraße gegangen sind, folgen Sie dieser bis in den Ort Kipi hinein. Nach ca. 350 m erreichen Sie mit dem Hotel Machalas Ihren Startpunkt.

5. Etappe: Kipi – Monodendri (Κήποι – Μονοδένδρι)

➲ 8,6 km, ⌛ 3 Std. 30 Min., ↑ 581 m, ↓ 280 m, ⇧ 705-1.055 m

0,0 km	⇧ 750 m	Kipi 🛏 ✕
0,5 km	⇧ 753 m	Lazaridis-Kontodimos-Brücke
1,1 km	⇧ 733 m	Plakidas-/Kalogeriko-Brücke
3,0 km	⇧ 740 m	Kokkoris-/Noutsos-Brücke
4,9 km	⇧ 708 m	Misiou-Brücke
6,2 km	⇧ 891 m	Infotafel vor Vitsa 🛏 ✕
8,6 km	⇧ 1.055 m	Monodendri 🛏 ✕ 🚌 ⌘

Vom Hotel Manchalas geht es auf der Hauptstraße von Kipi Richtung Westen zur hübschen Rundbrücke Lazaridis. Danach wandern Sie zur vielleicht hübschesten Brücke des Nationalparks, der Plakidas-Brücke, die aus drei Rundbögen besteht. Der Wanderweg führt über diese Brücke in den Wald hinein. Der Weg ist vergleichsweise eben und gut mit roter Farbe markiert. Nach einem kurzen, steilen Abstieg verlassen Sie den Wald und sind bei der nächsten Rundbrücke, der Kokkoris- bzw. Noutsos-Brücke, angelangt. Unter der neuen Brücke für Autos führt der Weg weiter, erst im Flussbett und dann neben dem Flussbett bis zur Misiou-Brücke. Kurz danach beginnen die Treppenstufen von Vitsa (Vitsa Steps), eine weitere Besonderheit im Nationalpark. Die Stufen führen Sie in den kleinen Ort

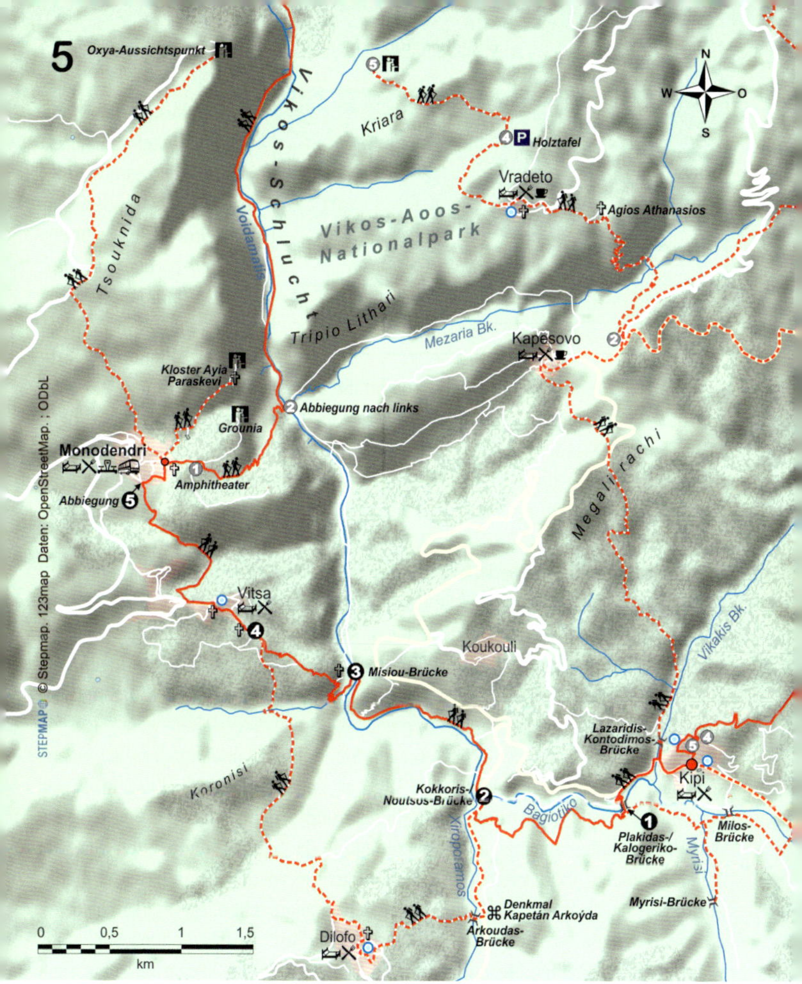

Vitsa. Von dort aus haben Sie bereits einen traumhaften Blick auf Monodendri. Bevor Sie Monodendri erreichen, geht es noch hinunter in den Wald. Auf schmalen Pfaden kommen Sie dem Ort immer näher. Zum Schluss führt Sie der Weg an Steinmauern entlang, bis Sie Ihr heutiges Tagesziel erreicht haben. Die Strecke ist gut ausgeschildert und von einem mittleren Schwierigkeitsgrad.

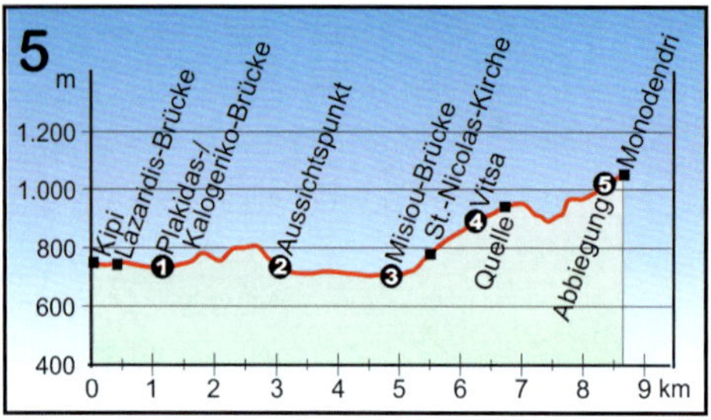

Die Wanderung startet am Hotel Machalas, dem gestrigen Endpunkt. Sie wandern an der Straße in Richtung Westen vorbei am Hotel und Restaurant Margaritas und am Hotel Mpagia Richtung Dorfgrenze. Nach rund 280 m an der Autostraße erreichen Sie ein braunes Schild, das auf die Lazaridis-Kontodimos-Brücke von 1764 hinweist, die über dem Vikaki-Fluss erbaut wurde. Von der Straße führt ein schmaler, gepflasterter sowie rot markierter Weg nach rechts zur Brücke (weitere Infos: ☞ 4. Etappe, Extratour: Brückenrunde). Ein Abstecher lohnt sich. Nach dem Besuch der Brücke setzen Sie Ihren Weg auf der Straße fort. Sie erreichen das blau-weiße Ortsausgangsschild von Kipi. Rote Striche auf der Straße weisen darauf hin, dass Sie dieser weiter folgen sollen, bis Sie die dreibogige Plakidas-/Kalogeriko-Brücke ❶ auf der linken Seite erreichen (weitere Infos: ☞ 4. Etappe, Extratour: Brückenrunde). Ein gepflasterter Weg führt links hinunter zur Brücke. Er ist zu Beginn mit einem roten Pfeil gekennzeichnet. Die Brücke ist wunderschön! Die Baumeister hatten wirklich Talent.

Nach Überquerung der Brücke biegen Sie rechts ab und wandern auf einem schmalen Pfad durch den Wald. Der Pfad ist gut sichtbar und in regelmäßigen Abständen ebenfalls mit roter Farbe (Punkte und Striche) markiert. Teilweise ist der Weg steinig, anfangs auch anstrengend, da Sie auf den ersten 500 m 50 Höhenmeter überwinden. Anschließend geht es wieder für rund 300 m bergab, bevor Sie dann abermals ca. 300 m steiler hinaufgehen. Sie merken also, es ist schon ein gewisses Auf und Ab. Wenn sich zu Ihrer Rechten offene Stellen im Wald ergeben, können Sie zurück zur Autostraße blicken. Wenn Sie keine Lust auf den Wald haben, könnten Sie auch an dieser Straße weitergehen, allerdings ist sie stärker befahren, da es sich um ein touristischeres Gebiet handelt. Ebenso könnten Sie den Weg zur Kokkoris-Brücke auch im Flussbett direkt, sofern dieses ausgetrocknet ist, oder neben dem Flussbett in Angriff nehmen.

Um vom Waldweg wieder zurück zur Straße zu gelangen, müssen Sie auf eine Abzweigung achten, bei der an einem Baum zu Ihrer linken Seite zwei Holzschilder

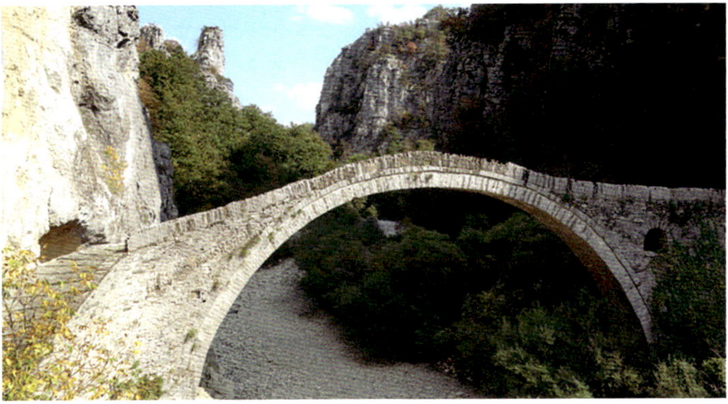

Kokkoris Brücke

angebracht sind. Auf den Holzschildern ist etwas auf Griechisch geschrieben. Dieser Abzweig ist schwer zu entdecken und erfordert von Ihnen daher hohe Aufmerksamkeit. Hier folgen Sie dem Weg nicht nach links weiter, sondern gehen nach rechts, auch wenn hier mehrere kleine Steine wie zu einer Barriere aufgebaut sind. Der Weg nach rechts ist ebenfalls mit roter Farbe, meist Strichen, markiert und führt zum Schluss nach rund 350 m steil hinab zur Straße. Bevor Sie auf die Straße kommen, klettern Sie noch über ein paar Steine. Sie halten sich rechts und sehen einen roten Strich auf der Straße, der Sie zur 26,30 m langen Kokkoris-/Noutsos Brücke ❷ führt. Diese wichtige Brücke wurde 1750 erstmals durch den Generalkonsul von Zagori aus Vradeto erbaut. Bereits 1768 musste die Brücke wiederaufgebaut werden. Dies wurde von Noutsos Karamesinis aus Kapesovo finanziert, wodurch er auch Namenspate wurde. Die zweite Bezeichnung für die Brücke stammt von Grigoris Kokkoris, dessen Mühle in der Nähe stand und der maßgeblich die Pflege der Brücke übernahm.

An der Kokkoris- bzw. Noutsos-Brücke (vor Ort auf dem Schild steht „Kokori's“) ist oft viel los. Autos und Busse können hier gut halten, daher ist die Brücke ein sehr touristischer Ort. Sie haben die Möglichkeit, den Fluss entweder auf der ursprünglichen, historischen Brücke oder aber über die danebenliegende Autobrücke zu überqueren. Es empfiehlt sich, einfach beides zu machen. Für das Gefühl an sich sollte der Fluss über die historische Brücke überquert werden und für die schönen Fotos ist die Überquerung der Autobrücke notwendig.

An der Kokkoris-Brücke haben Sie außerdem die Wahl, von hier aus entweder auf dem klassischen Weg über die Stufen von Vitsa – ähnlich den Stufen von Vradeto – nach Vitsa zu gehen oder 2 km mehr zu laufen und einen Extrabogen über den Ort Dilofo zu absolvieren (Wegbeschreibung ☞ S. 110). Beide Wege treffen sich im Ort Vitsa wieder und führen dann nach Monodendri.

Der klassische Wanderweg führt über die Kokkoris-Brücke und am anderen Ende der Brücke über Treppenstufen ins Flussbett des Vikos hinunter. Bevor Sie die Treppenstufen erreichen, sehen Sie rechts eine Infotafel und links die Rückseite von zwei Schildern. Ein viereckiges gelbes Schild zeigt an, dass es bis zur Misiou-Brücke 20 Min. und bis nach Vitsa 60 Min. Wanderweg sind. Der Pfeil zeigt nach rechts, während das darüber angebrachte braune Schild mit gelber Farbe den Weg zur Kokkoris-Brücke nach links weist. Anscheinend führt der Fluss hier selten Wasser, sodass der Wanderweg samt roter Markierung durch das Flussbett führen kann. Der Weg ist gut sichtbar sowie ab und an mit roter Farbe (direkt auf den Steinen) markiert. Sie gehen langsam nach rechts aus dem Flussbett heraus auf einen Gras-/Schotterweg, der von Büschen und Bäumen gesäumt ist. Ein weißes Schild mit rotem Pfeil an einem Baum zeigt an, dass es weiter geradeaus geht. Der Weg führt weiter über aufeinandergeschichtete Steine direkt oberhalb des Flussbettes entlang. Anschließend laufen Sie über einen schmalen Pfad durch den Wald weiter, bleiben jedoch in Flussbettnähe. Rote Markierungen an Steinen und Bäumen weisen den Weg. Felswände tauchen nach rund 350 m auf Ihrer rechten Seite auf, daneben Bäume, umrankt von Efeu und Moos.

Gesteinsschotter prägt anschließend Ihren Weg und Sie sehen nach weiteren ca. 300 m eine niedrige Steinmauer auf der linken Seite. Kurze Zeit später durchqueren Sie die Steinmauer an einem freien Stück. Ein Stein mit einem roten Strich liegt direkt vor dem Durchgang. Nach weiteren rund 200 m kommen Sie wieder an eine Steinmauer zu Ihrer Linken und gehen durch diese an einem offenen Stück hindurch. Hier markieren sogar drei Striche auf Steinen den Durchgang. Er ist somit gut sichtbar. Zur Abwechslung kommen Sie nach etwa 150 m zu einem kurzen Stück Steinmauer zu Ihrer Rechten und wandern an ihr entlang. Sie laufen weiter durch den Wald und sehen nach rund 80 m ein Schild für den Wanderweg O3, der hier entlangführt. Weitere 350 m später kommen Sie zu einer Infotafel aus Holz, die über den Wanderweg von der Kokkoris-Brücke bis nach Vitsa informiert und Ihren jetzigen Standpunkt angibt. Leider ist die Karte ausschließlich auf

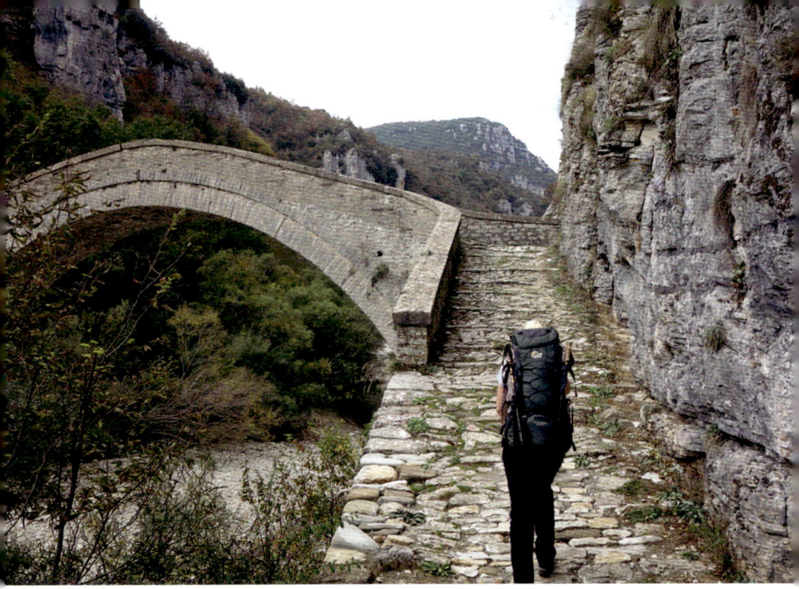

Misiou Brücke

Griechisch verfasst. Gegenüber der Holztafel steht auf einem gelben Schild, dass die Brücke Kokkori 20 Min. zurückliegt und es bis zur Skala Monosendriou 55 Min. sind. Ein weiteres gelbes Schild gibt 50 Min. für den Weg nach Kipi und 30 Min. zu den Koukouli-Stufen (Steps) an.

Sie bleiben auf dem bisherigen Wanderweg und biegen nicht ab. Der Schilderwald nimmt kein Ende. Die Misiou-Steinbrücke ist jetzt ausgeschildert, wenn auch nicht darüber informiert wird, dass Sie diese in rund 280 m erreichen. Zudem wird der Hinweis gegeben, dass es bis Vitsa noch 45 Min. sind. Ein gepflasterter Weg beginnt – gepflastert in der typischen „Zagori-Weise", mit der kurzen Steinlänge nach oben und der langen in den Boden, für den besseren Halt. Der Weg ist von wunderschönen Felswänden auf beiden Seiten gesäumt. Sie erreichen die mit einem hohen Rundbogen ausgestattete Misiou-Brücke ❸. Die Schreibweise kann auch Misios sein. Anders als andere Steinbrücken des Zagori hat diese ein hohes Geländer an beiden Seiten. Sie ist 37 m lang und 2,90 m breit und wurde 1748 mithilfe der Finanzierung durch Alexis Misios aus Monodendri erbaut. Da sie 2006 renoviert wurde, ist sie in einem sehr guten Zustand.

Sie überqueren die Brücke und treffen am Ende auf vier gelbe Schilder. Von Belang sind die gelben Schilder, die nach links Richtung Vitsa zeigen. Auf dem einen Schild heißt es, dass es noch 40 Min. bis nach Vitsa sind, auf dem anderen sind es 50 Min. Die Schilder sollten also nicht so ernst genommen, genießen Sie einfach den Weg an sich. Die Steinstufen nach Vitsa beginnen. Bei einem weiteren gelben Schild nach rund 130 m mit der Aufschrift „Vitsa" halten Sie sich rechts. Eine weitere Holztafel zeigt anschließend Ihren Standpunkt. Der Rest der Infotafel ist nicht nur verwittert, sondern auch auf Griechisch. Der Weg ist durch Punkte auf dem Boden und weiße Schilder mit roten Pfeilen markiert. Serpentine um Serpentine kommen Sie Ihrem Zwischenziel Vitsa immer näher. Die Stufen sind anstrengend, aber eine architektonische Meisterleistung und die Aussicht wird immer schöner.

Die Sankt-Nicolas-Kirche mit zwei prägnanten Steinsäulen im vorderen Bereich wird nach rund 450 m sichtbar. Der Weg führt an der Kirche vorbei und ein gelbes Schild gibt Auskunft darüber, dass es nur noch 15 Min. bis nach Vitsa sind. Die Stufen führen nun ein Stück durch den Wald, immer weiter hinauf. Nach dem Verlassen des Waldes haben Sie eine tolle Sicht auf die sanften grünen Hügel ringsum. Sie kommen an einer weiteren Karte auf Griechisch vorbei, die erneut Ihren Standpunkt zeigt. Bald sehen Sie die ersten Steinhäuser von Vitsa. Kurz nachdem Sie an einem Schrein sowie an einem braunen Schild „Vitsa's Steps" auf der rechten Seite vorbeigegangen sind, endet der aus Stein gepflasterte Weg nach weiteren rund 780 m. Zu Ihrer Linken sehen Sie den Abzweig nach Dilofo. Sie wandern geradeaus, zwischen zwei großen Informationstafeln aus Holz ❹ hindurch, um nach Vitsa zu gelangen. Die Informationstafeln zeigen jeweils die gleiche, bereits bekannte Wanderkarte.

↳ Alternativroute über Dilofo statt über die Vitsa Steps

Bei dieser Alternativroute tauschen Sie den mittleren Teil der Wanderung. Statt Kokkoris-Brücke – Misiou-Steinbrücke – Vitsa Steps – Vitsa heißt es hier Kokkoris-Brücke – Dilofo – Vitsa. Sie lernen also einen neuen Ort kennen und laufen dabei ca. 2 km mehr als auf der klassischen Route.

Von der Kokkoris-Brücke geht es zurück in die Richtung, aus der Sie aus dem Wald gekommen sind. Sie gehen somit an der lang gezogenen Parkbucht mit Steinmauern zu Ihrer rechten Seite entlang. Ein Schild, das vor herunterfallendem Geröll warnt, steht auf der linken Seite, wo der Pfad aus dem Wald kommt. Kurz

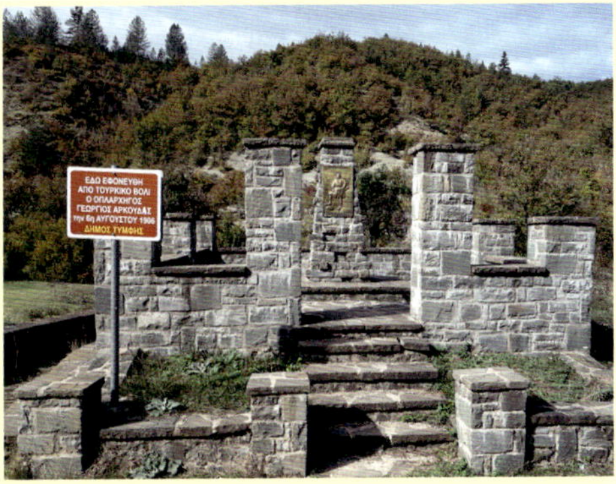

Denkmal für Unabhängigkeitskämpfer Georgios Lepidatos

vor dem Ende der Parkbucht sehen Sie auf der rechten Seite eine Holztafel mit Wanderwegen und einer kurzen Information zur Brücke. Am besten wandern Sie anschließend ein kurzes Stück rechts neben der Straße weiter. Sie könnten auch wieder den Weg in den Wald hochklettern und an dem Punkt, an dem Sie nach rechts abgebogen sind, geradeaus weiterlaufen. Allerdings ist der Mehrwert begrenzt, deshalb empfehlen wir, die rund 850 m neben der Autostraße zurückzulegen. Sie sehen dann ein braunes Hinweisschild für die Arkoudas-Brücke (Länge: 19,60 m, Breite: 2,50 m). Arkoudas bedeutet übersetzt „Bär". Die Bezeichnung der 1806 dank der Finanzierung durch Solomon Matsili aus Ioannina erbauten Steinbrücke geht auf den griechischen Unabhängigkeitskämpfer Georgios Lepidatos zurück, der aufgrund seiner Größe und seiner Körperbehaarung den Spitznamen „Kapitän Bär" (Καπετάνιος Αρκού) erhalten hatte und 1906 auf der Brücke von osmanischen Truppen getötet wurde. Zu seinen Ehren wurde neben der Brücke 2009 ein kleines Denkmal errichtet.

Hinter dem Denkmal führt ein gepflasterter Weg zur Brücke. Sie ist im Vergleich zur Kokkoris-Brücke deutlich kleiner und weniger filigran. Nach der Überquerung der Brücke geht es über einen kurzen Anstieg über die Steine weiter, dabei halten Sie sich rechts. Dass Sie richtig sind, können Sie wieder an den roten Strichen auf dem Boden erkennen. Der Weg steigt immer weiter an und besteht hauptsächlich aus kleinem Gesteinsschotter. Oben angekommen haben Sie einen schönen Blick zurück auf das Denkmal. Sie haben nach der Brücke auf einer Strecke von knapp 340 m rund 80 Höhenmeter überwunden, wenn Sie den Wald erreichen. Im Wald gibt es mehrere offene Stellen, die Ihnen einen schönen Ausblick auf die Umgebung bieten. Der Pfad führt mitten durch den Wald und ist gut sichtbar. Am Ende des Waldes kommen Sie nach etwa 500 m an einem

Steingebäude auf der rechten Seite vorbei und danach an einer Steinmauer, auf der Sie einen roten Doppelpfeil sehen. Anschließend halten Sie sich rechts und wandern auf einem breiten Schotterweg weiter. Er führt an einem eingezäunten Privatgarten vorbei. Achten Sie dann nach rund 60 m auf einen kleinen Pfad, der links vom Schotterweg abzweigt. Ein Stein mit rotem Punkt markiert den Beginn dieses Pfades. Er führt nach rund 50 m an einer Quelle vorbei, die zwar Wasser führte, als wir dort waren, aber wegen sehr viel Moos rundherum nicht so zum Trinken einlud. Hinter der Quelle führt ein Weg bergauf. Diesen ignorieren Sie, Sie bleiben auf Ihrem Weg und wandern nach der Quelle weiter geradeaus über eine mit Moos bedeckte Art Brücke. Um in den Ort Dilofo zu gelangen, halten Sie sich an einer anschließend folgenden breiten Stelle des Weges, wo ein Weg von links auf den Ihrigen trifft, weiter geradeaus und wandern an einem Stacheldrahtzaun entlang. Sie gehen an Häusern vorbei und sehen einen roten Strich auf einem Strommast und einem darunterliegenden Stein. Die rote Wegmarkierung zeigt am Ende des Weges nach rechts, sodass Sie über niedrige Stufen weitergehen. Durch schmale Gassen setzen Sie Ihren Weg fort. Achten Sie auf rote Striche, um in den Gassen die richtige Richtung beizubehalten.

Dilofo

- Gaia Guesthouse, 4 Sterne, ☏ 00 30/265 30/225 70, www.gaia-dilofo.gr, info@gaia-dilofo.gr, ÜF im DZ ab € 65, ganzjährig
- Archontiko Dilofo, 4 Sterne, ☏ 00 30/265 30/224 55, www.dilofo.eu, gkgkontaxis@gmail.com, ÜF im DZ ab € 60, ganzjährig
- Aithrio, 5 Sterne, ☏ 00 30/265 30/259 02, www.aithrio.eu (mit Kontaktformular), ÜF im DZ ab € 75, ganzjährig
- Dilofo Hotel, 3 Sterne, ☏ 00 30/265 30/259 05, www.dilofohotel.com (mit Kontaktformular), ÜF im DZ ab € 45, ganzjährig
- Restaurant/Café Lithos στου Τάκη – Taki's place, ☏ 00 30/265 30/226 00, www.lithos-dilofo.gr, takiskounavos@hotmail.com, 12:00 bis 22:00

Der kleine Ort Dilofo liegt auf rund 900 m und hat nur etwa 40 Einwohner. Dilofo ist noch sehr ursprünglich geblieben. Autos sind in dem Ort nicht erlaubt und der gesamte Ort steht unter Denkmalschutz. Es ist somit nur die Wiederherstellung von bestehenden Gebäuden erlaubt.

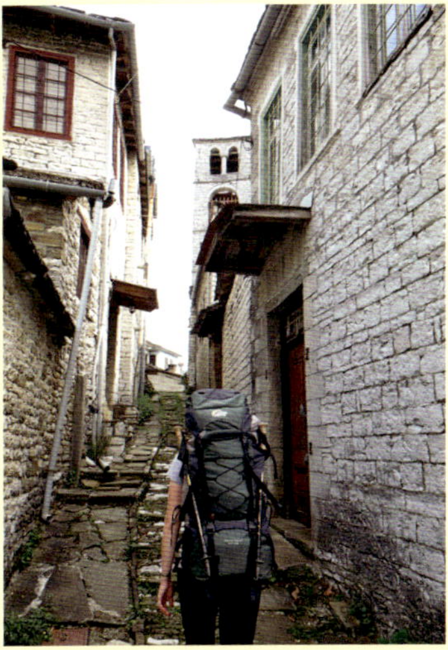

Schmale Gassen in Dilofo

Nach rund 150 m durch die Gassen erreichen Sie einen großen Platz mit einem ummauerten großen Baum in der Mitte und einem Brunnen auf der rechten Seite. Dem Weg weiter folgend gehen Sie links an dem Baum vorbei und auf ein Steinhaus mit brauner Tür und braunen Fenstern zu. Vor dem Haus befindet sich ein weiterer Brunnen. Die Brunnen waren beide abgedeckt, als wir dort waren. Durch schmale Gassen wandern Sie weiter, immer den roten Strichen nach. Sie gehen weiter geradeaus und ignorieren abgehende Wege nach rechts und links, die keinerlei Markierung tragen. Bald macht der Weg eine Linkskurve, zur Unterstützung gibt es hier eine rostbraune Bodenplatte, auf der sich ein roter Strich befindet. Als Orientierungspunkt dient hier zudem die zu Ihrer Rechten liegende große Kirche. An weiteren Häusern entlang geht es weiter durch den Ort. Schließlich sehen Sie auf einem Strommast einen roten Punkt als Wegmarkierung. Danach biegt der Weg nach rechts ab. Hier befindet sich ein roter Strich auf dem Boden. Langsam wandern Sie aus dem Ort hinaus. Der gepflasterte Weg wird zu einem kleinen Pfad aus Schotter und Gras. Dieser führt Sie nach rund 40 m auf einen breiteren Schotterweg, dem Sie nach rechts folgen. Sie bleiben für ca. 150 m auf dem Schotterweg und biegen bei vorherigen Abzweigungen nicht ab. Die rote Farbe befindet sich hier wieder auf den Steinen am Boden. Im Anschluss sehen Sie einen roten Doppelpfeil, an dem Sie nach rechts auf einen Fahr-/Grasweg abbiegen. Dass es nicht auf dem Schotterweg weitergehen soll, sagt ein hinter dem Doppelpfeil aufgemaltes rotes X. Der Weg führt an einem Zaun entlang zu einer Informationstafel mit Wanderwegen. Diese Karte ist Ihnen bereits bekannt. Sie haben Dilofo hinter sich gelassen und haben nun wieder einen wunderschönen Blick auf den Nationalpark.

Wenige Meter (rund 80 m) nach der Informationstafel sehen Sie auf der rechten Seite drei gelbe Schilder. Auf dem einen heißt es, dass es noch 55 Min. bis nach Vitsa sind. Die Zeit ist vermutlich für Läufer, aber nicht für Wanderer gedacht. Auf dem Weg, den die Schilder weisen, laufen Sie bergab. Als Markierung finden Sie neben roten Strichen auf Steinen am Boden weiße Schilder mit roten Pfeilen. Es folgt nach rund 400 m eine Linkskurve, an der ein gelbes Schild 1 Std. 45 Min. für den Weg nach Vitsa angibt. Diese Zeit ist realistischer. Daneben sehen Sie noch einen Doppelpfeil auf einer Abdeckung im Boden. Der Weg führt weiter bergab. Dabei bleibt die Aussicht weiterhin sehr schön. Wenn Sie ganz aufmerksam nach rechts schauen und vielleicht zur Unterstützung noch einen Fotozoom haben, können Sie die Misiou-Steinbrücke in der Ferne sehen. Sie verlieren immer mehr an Höhe und stehen nach ca. 390 m an einer Weggabelung. Hier halten Sie sich rechts, ein Stein auf dem Boden mit rotem Strich hilft Ihnen bei der Auswahl. Danach heißt es auf einem gelben Schild, dass es noch 1 Std. 5 Min. bis nach Vitsa sind. Der Weg wird schmaler und am tiefsten Punkt laufen Sie kurz durch Gesteinsgeröll. Anschließend steigt der Weg über Gesteinsplatten wieder leicht auf. Sie folgen den roten Strichen über die weitläufigere Fläche, dann erreichen Sie einen Graspfad. Dem Graspfad folgt ein Schotterpfad und knapp 500 m nach dem letzten gelben Schild zeigt ein weiteres Schild an, dass es noch 50 Min. nach Vitsa sind. Danach kommen Sie auf einen breiteren Waldweg. Dass Sie richtig sind, erkennen Sie an einem gelben Schild nach rund 360 m mit der Angabe von 40 Min. für die Strecke nach Vitsa. Der Weg wird hier wieder schmaler. Die Wegmarkierung ist gut, neben roten Strichen sind an den Stellen, wo es nicht weitergehen soll, zur Unterstützung auch kleine Abgrenzungen aus Steinen gebaut. Bald stehen Sie vor einem richtigen Schilderwald (6 Schilder!). Sie bleiben auf dem Weg und folgen den Schildern nach Vitsa. Erst geht es rund 150 m bergab, danach wieder ca. 390 m hinauf. Da überall ein bisschen Gesteinsschotter liegt, sollten Sie immer Ausschau nach der roten Markierung halten, um nicht vom Weg abzukommen. Ein gelbes Schild mit 5 Min. nach Vitsa zeigt an, dass Sie sich im Endspurt auf Ihr Zwischenziel befinden. Nachdem Sie weitere Höhenmeter hinter sich gebracht haben, sehen Sie zu Ihrer Rechten ein braunes und ein gelbes Schild mit der Aufschrift „Vitsas Steps". An dieser Stelle wären Sie herausgekommen, wenn Sie nicht die Alternativroute gewählt hätten. Hier trifft der klassische Weg nach Vitsa also wieder mit der Alternativroute über Dilofo zusammen. Sie gehen durch die beiden Holztafeln ❹ nach Vitsa hinein.

Ein breiter Schotterweg führt nach Vitsa hinein. Nach rund 70 m wandern Sie an einer Kapelle (Παρεκκλήσι Ταξιαρχών Βίτσας) auf der linken Seite vorbei. Der Weg steigt an und Sie erreichen nach weiteren ca. 50 m eine neue Standortkarte. Danach kommen Sie an Steinmauern und verfallenen Häusern vorbei. Rote Striche zeigen an, dass es auf dem breiten Schotterweg weiter geradeaus geht. An einer schwarzen Straßenlaterne kommen Sie in den Ort und halten sich links bergauf.

Vitsa

- Beloi Hotel und Restaurant, 2 Sterne, ☏ 00 30/265 30/715 71, www.beloi-hotel.gr, beloihotel@gmail.com, wenige Meter vom Weg entfernt, nur ab zwei Nächten, ÜF im DZ ab € 130 für zwei Nächte, ganzjährig, Restaurant: keine festen Öffnungszeiten
- ♦ En Chora Vezitsa Hotel und Restaurant, ☏ 00 30/265 30/714 49, www.vezitsa-zagori.com, info@vezitsa-zagori.com, direkt am Weg, ÜF im DZ ab € 45, Mai bis Oktober, Restaurant: keine festen Öffnungszeiten
- Stis Giagias Evgenias, 3 Sterne, ☏ 00 30/265 30/719 71, www.giagiaevgenia.gr, info@giagiaevgenia.gr, wenige Meter vom Weg entfernt, ÜF im DZ ab € 75, ganzjährig
- ♦ Kores Boutique Hotel & Spa, 5 Sterne, ☏ 00 30/265 30/718 88, www.koreshotel.gr, info@koreshotel.gr, wenige Meter vom Weg entfernt, ÜF im DZ ab € 150, ganzjährig
- ♦ Guesthouse Selini, ☏ 00 30/265 30/713 50, wenige Meter vom Weg entfernt, ÜF im DZ ab € 55, ganzjährig
- Kanella & Garyfallo The Mushroom Restaurant, ☏ 00 30/265 30/716 71, www.kanela-garyfallo.gr, Montag und Mittwoch bis Sonntag 13:00 bis 22:00 (Abweichungen möglich), auf Pilzgerichte spezialisiertes Restaurant

Der kleine Ort Vitsa liegt auf einer Höhe von rund 955 m und hat wie viele Orte im Vikos-Aoos-Nationalpark einen großen zentralen Platz mit einem sehr großen Baum. Von diesem Platz aus haben Sie einen schönen Blick auf den Nachbarort Monodendri. Um den zentralen Platz herum und in seiner unmittelbaren Nähe befinden sich ein paar Restaurants und Unterkünfte. Vitsa ist ein wirklich niedlicher kleiner Ort, in dem Sie mindestens eine kleine Pause einlegen sollten.

Sie folgen weiter der roten Markierung auf dem Boden oder an Straßenlaternen. Die Markierung ist bei wachsamem Auge gut. Nach rund 150 m erreichen Sie die „Kirche der Annahme" (Εκκλησία Κοίμησης της Θεοτόκου). An dieser gehen Sie der Straße folgend vorbei und sehen bereits am Ende der Straße mehrere gelbe Schilder (Treppen von Vitsa, Misiou-Brücke, Kokkoris-Brücke) in die Richtung zeigen, aus der Sie gekommen sind. Hier halten Sie sich links und kommen zum zentralen Platz Vitsas mit einem wunderschönen, großen Baum, der den Platz mit seinen riesigen Ästen, die zum Teil gestützt werden müssen, einnimmt. Hier gibt es auch eine Wasserquelle. Von diesem Platz aus haben Sie außerdem einen der schönsten Blicke auf Monodendri, Ihr heutiges Tagesziel. Direkt am Platz liegt das Restaurant und Hotel En Chora Vezitsa, das zu einem Salat, einer Suppe oder Moussaka einlädt. Nachdem Sie den Platz genossen haben, setzen Sie Ihren Weg wieder geradeaus fort. Sie kommen an einem Parkplatz auf der rechten Seite vorbei und steuern auf ein Haus mit roter Tür und Fenstern zu. Dabei handelt es sich um das Restaurant „Zimt und Nelken"

Der „märchenhafte" Wald zwischen Vitsa und Monodendri

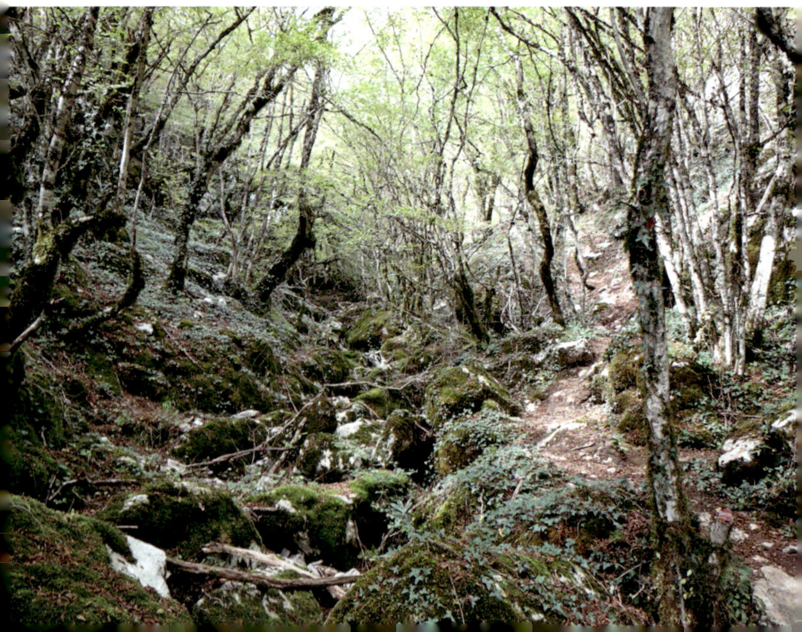

(Κανέλα & γαρίφαλα). Noch vor diesem Haus, hinter einer beschädigten Mauer und vor einem Wohnhaus, biegen Sie nach rechts ab. Der Beginn des Weges ist mit einem gelben Schild mit Wandersymbol sowie der Aufschrift „Monodendri" gekennzeichnet. Ein paar wenige Meter ist der Weg noch gepflastert, dann geht es auf einem schmalen Pfad in den Wald. Sie wandern immer tiefer in den Wald hinein und ordentlich bergab. Auf den ersten 500 m steigen Sie 62 Höhenmeter hinab (rund 12 % Abstieg). Der Pfad ist gut sichtbar und in regelmäßigen Abständen auf Bäumen und Steinen mit roter Farbe markiert. Der Wald wirkt ein wenig verwunschen. Die Bäume sind eher von dünner Statur, dafür gibt es viele und die meisten sind mit Moosen überzogen. Nachdem Sie hinuntergelaufen sind, geht es auch wieder steil bergauf. Auf rund 400 m meistern Sie 75 Höhenmeter (rund 19 % Anstieg). Anschließend verlassen Sie den dichten Wald und wandern auf einem Weg weiter, der von Steinen und Bäumen gesäumt ist. Die Steine werden bald zu beidseitigen, in die Jahre gekommenen Steinmauern. Dieser Weg führt direkt nach Monodendri hinein. Das erste Haus erscheint auf der linken Seite, danach stößt Ihr Wanderweg auf eine Autostraße ❺. Auf dieser Straße halten Sie sich rechts. Zur Unterstützung gibt es auf der Straße einen großen roten Pfeil. Die geteerte Straße geht in eine gepflasterte Straße über. Sie gehen ein kurzes Stück auf den Pflastersteinen und halten sich dann links, an einer niedrigen Steinmauer vorbei. Am Hotel Vikos, einem Parkplatz und einem kleinen Lebensmittelgeschäft vorbei kommen Sie zum Hauptplatz von Monodendri, an dem es mehrere Restaurants gibt.

Monodendri 🛏 ✕ ⛲ 🚌 ⌘

🛏 Hotel Monodendri, 3 Sterne, ☏ 00 30/265 30/71 300, 💻 www.monodendrihotel.com (auch auf Deutsch), ✉ reservations@monodendrihotel.com, rund 400 m vom zentralen Dorfplatz (Endpunkt der Etappe) entfernt, ÜF im DZ ab € 65

♦ Konstantinou & Elenis Hotel, 2 Sterne, ☏ 00 30/265 30/713 28, Buchung über Booking.com, rund 450 m vom zentralen Dorfplatz (Endpunkt der Etappe) entfernt, ÜF im DZ ab € 60, persönliche Atmosphäre mit herzlichen Gastgebern, schönes Haus, sehr gutes und vielseitiges Frühstück

♦ Hotel Arktourous, 3 Sterne, ☏ 00 30/265 30/720 00, 💻 www.hotel-arktouros.gr (auch auf Deutsch), ✉ info@hotel-arktouros.gr, direkt hinter dem Endpunkt der Etappe am Weg zum Kloster gelegen, ÜF im DZ ab € 50, sehr gutes angeschlossenes Restaurant mit sehr zu empfehlendem Spinat-Pie/-Kuchen

Hotel Vikos, ☏ 00 30/265 30/713 70, www.vikoshotel.com, info@vikoshotel.com, direkt hinter dem Endpunkt der Etappe gegenüber vom Hotel Arktouros, ÜF im DZ ab € 60

♦ Aparthotel Matzato, 2 Sterne, ☏ 00 30/265 30/719 97, hotel.matzato@gmail.gr, rund 350 m vom zentralen Dorfplatz (Endpunkt der Etappe) entfernt, ÜF im DZ ab € 45, mit kleinem Restaurant/Bistro, Kochmöglichkeiten im Apartment vorhanden

Taverne Dionysos, zwischen Hotel Monodendri und Konstantinou & Elenis Hotel gelegen, ☏ 00 30/265 30/713 66, ab mittags geöffnet, schlichtes Restaurant mit solidem Essen und tollem Panoramafenster, die Bedienung war freundlich, aber bestimmt, gutes Preis-Leistungs-Verhältnis

♦ Taverne Vikos George, direkt neben dem Hotel Monodendri, ☏ 00 30/265 30/715 59, www.xaradratouvikou.gr, grundsätzlich ganztägig geöffnet, sehr großes und auf Tourismus ausgelegtes Lokal mit klassisch griechischen Speisen, die dann auch etwas teurer sind

♦ Kikitsa's Pie, direkt am Hauptplatz (Endpunkt der Etappe), ☏ 00 30/265 30/713 40, grundsätzlich ganztägig geöffnet, auf Tourismus ausgelegtes Lokal mit klassisch griechischen Speisen und natürlich den berühmten Pies

♦ Die Kuchen von Froso (οι πίτες της Φρόσως), ☏ 00 30/265 30/713 20, grundsätzlich ganztägig geöffnet, kleines und familiäres Restaurant mit sehr guten Bewertungen, aber auch höheren Preisen als in den Tavernen

Kleiner Lebensmittelladen Κοισεπ Ζαγοριου, auf dem Weg hinein nach Monodendri, südlich vom zentralen Platz, vormittags bis abends bzw. nach Bedarf, ausgestattet mit dem Nötigsten (u. a. Snacks, Getränke)

☏ 00 30/265 10/250 14, www.ktelioannina.gr

⌘ Rizarios Schule für Handarbeit (PIZAPEIO XEIPOTEXNIKO KENTPO – RIZARIO HANDICRAFT CENTRE), ☏ 00 30/265 30/715 73, www.rizarios.eu, sales@rizarios.eu. Gegenüber der Kirche Agios Athanathios liegt der Showroom. Dieser ist täglich von 9:00 bis 16:00 geöffnet. Die Website ist in einer englischen und einer griechischen Version zu erreichen. 1979 wurde die Schule mit dem Ziel gegründet, die traditionellen Handwerkskünste der Region für die Zukunft zu bewahren, indem junge Mädchen die traditionellen Fertigkeiten erlernen und mit diesem Wissen und Können auch ihren Lebensunterhalt bestreiten können. Die Dachgesellschaft der Rizario-Kirchenschule wurde bereits 1841 von den aus Monodendri stammenden Brüdern George und Manthos Rizari gegründet.

Extratour: Wanderung von Monodendri zum Kloster Ayia Paraskevi (➲ ca. 1,5 km hin und zurück)

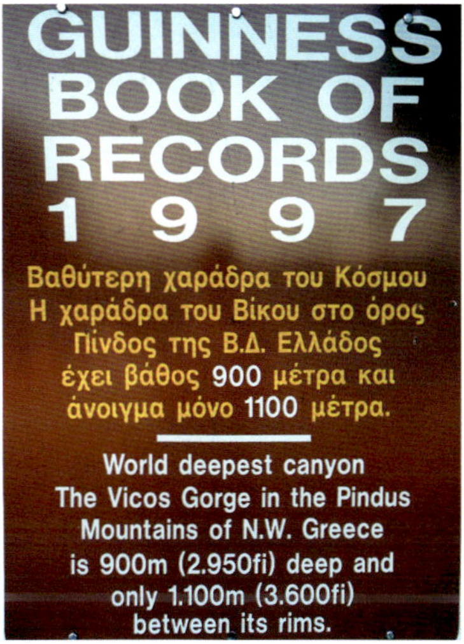

Das Schild

Diese kleine Runde führt Sie zum verlassenen Kloster des heiligen Paraskevi (Αγία Παρασκευή). Sie starten am Hauptplatz von Monodendri und folgen der Beschilderung Richtung „Monastery of Ayia Paraskevi". Das Kloster wurde 1413/1414 von den Bewohnern des benachbarten Vitsas erbaut und ist Standort der ältesten noch erhaltenen Steinkapelle mit Holzdach im Zagori. Anlass der Stiftung soll die wundersame Heilung der Tochter eines lokalen Herrschers gewesen sein. Gehen Sie an den Restaurants Kikitsa's (Κικίτσας) und Arktouros sowie dem Hotel Arktouros vorbei. Sie erreichen ein Schild, laut dem die Vikos-Schlucht 1997 als tiefste Schlucht in das Guinness-Buch der Rekorde eingetragen wurde. Der gepflasterte Weg ist breit und als „Cooldown" der heutigen Tageswanderung angenehm zu laufen. Nach rund 750 m kommen Sie durch ein Steintor gehend zum Kloster. Dort gibt es auch einen Souvenirshop, bei dem Sie vor allem Holzbretter, die mit Heiligen bemalt sind, kaufen können. Erkunden Sie das Kloster und betrachten Sie die wunderschön erhaltenen Wandmalereien, die z. T. aus dem 15. Jahrhundert stammen. Sie können auch weiter durch die Klosteranlage hindurchgehen, dann kommen Sie zu noch mehr schönen Aussichtspunkten und entdecken die Löcher in den Felsen der umliegenden Schluchten (Vikos und Lagos), in denen sich während der osmanischen Zeit verfolgte Christen versteckt hielten. Vor allem der Blick in die Vikos-Schlucht ist wieder traumhaft. Wenn Sie Lust haben, können Sie beim Kloster auch den Sonnenuntergang genießen. Eine Taschenlampe dabeizuhaben ist ratsam.

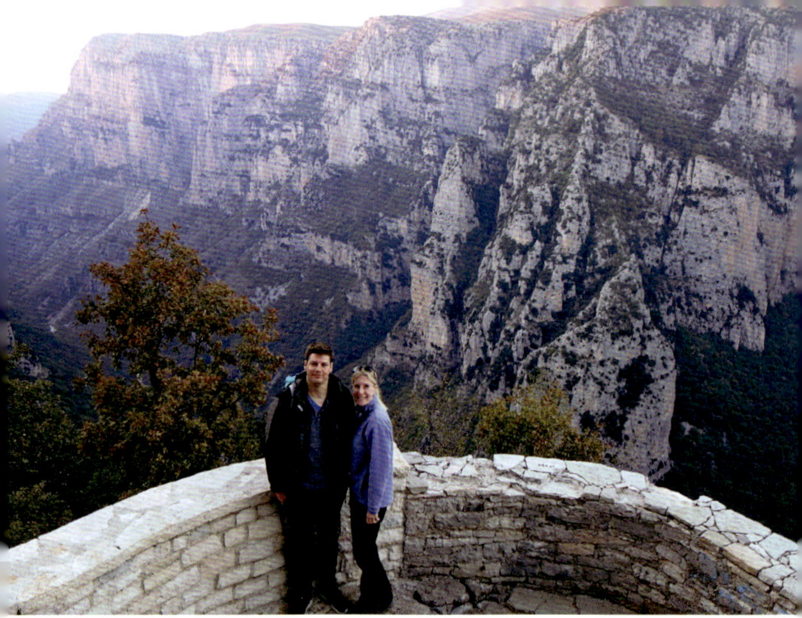

Am Oxya Aussichtspunkt

Extratour: Steinwald und Oxya-Aussichtspunkt (➲ ca. 7 km hin und zurück)

Neben dem Beloi-Aussichtspunkt bietet Ihnen auch der Oxya-Aussichtspunkt einen traumhaften Blick in die tiefste Schlucht der Welt. Der Oxya-Aussichtspunkt liegt im Grunde dem Beloi-Aussichtspunkt schräg gegenüber. Die Aussicht in die Vikos-Schlucht ist jedoch trotzdem eine andere.

Um zum Oxya-Aussichtspunkt zu gelangen, folgen Sie den Wanderschildern, die Sie beispielsweise auf dem Weg vom zentralen Dorfplatz zur Taverne Vikos Gorge und zum Hotel Monodendri sehen. Dann geht es über Pfade den Berg hinauf. Nach rund 1,3 km treffen Sie auf die geteerte Autostraße und halten sich für rund 200 m rechts. Hier sehen Sie schon die Besonderheit des Steinwalds: hoch aufgetürmte Gesteinsschichten. Sie verlassen die Straße in der Kurve und folgen dem Wanderpfad. Nach rund 2 km erreichen Sie den Oxya-Aussichtspunkt.

Alternativ können Sie direkt von Beginn an auf der großen Hauptstraße, die aus dem Ort hinaus Richtung Norden führt und nicht in Richtung des Ortes Vitsa verläuft, wandern. Die Straße müssen Sie sich leider mit Autos teilen, am Rand ist aber noch genug Platz für Wanderer. Sie erreichen den Steinwald dann nach rund 5,3 km. Nach weiteren rund 2,1 km erreichen Sie dann den Oxya-Aussichtspunkt. Die Gesamtlänge dieser Strecke liegt somit bei rund 14,8 km.Wunderschön sind auch die Sonnenuntergänge am Oxya-Aussichtspunkt. Dann sollten Sie nur eine Taschenlampe für den Rückweg dabeihaben.

6. Etappe: Monodendri – Papigo (Μονοδένδρι – Πάπιγκο)

16,1 km, 7 Std. 30 Min., ↑ 761 m, ↓ 913 m, ⇧ 472-1.066 m

0,0 km	⇧ 1.055 m	Monodendri
0,3 km	⇧ 1.055 m	Amphitheater
1,7 km	⇧ 727 m	Abzweig zur Schlucht Richtung Papigo
6,1 km	⇧ 614 m	Quelle Klima
12,0 km	⇧ 476 m	Abzweig aus der Schlucht hinaus Richtung Papigo
15,3 km	⇧ 802 m	Abzweig Richtung Megalo Papigo
16,1 km	⇧ 929 m	Papigo

Vom zentralen Dorfplatz von Monodendri geht es an der Kirche Agios Athanathios vorbei zum alten Amphitheater. Danach folgt der Abstieg in die tiefste Schlucht der Welt. In Serpentinen schlängelt sich der Weg immer tiefer in die Vikos-Schlucht hinein. Geben die Bäume die Sicht frei, haben Sie einen tollen Blick auf die umliegenden Felswände. In der Schlucht angekommen, wandern Sie auf einem Pfad an der linken (westlichen) Seite der Felswände entlang. Das ausgetrocknete Flussbett, das von oben betrachtet dazu einlud, die Wanderung einfach darin fortzusetzen, entpuppt sich als Sammlung von teilweise mannshohen Steinen. Der Wanderweg ist daher eine gut begehbare Alternative. Sie erreichen die Quelle Klima, die zum Auffüllen der Wasservorräte genutzt werden kann. Ab und zu kommen Sie an Stellen, an denen Sie kurz klettern müssen. An einem Wegweiser entscheiden Sie sich für den Weg nach Papigo und wandern nach einer Flussbettüberquerung auf der rechten (östlichen) Seite der Felswände immer weiter hinauf. Kurz vor dem Ende des Aufstiegs entscheiden Sie sich an einem weiteren Wegweiser noch einmal für Megalo Papigo statt für Mikro Papigo und dann haben Sie Ihr Ziel auch fast erreicht. Sie kommen aus der Schlucht und können den achteckigen Turm von Papigo sehen. Beim Weiterwandern durch den Ort kommen Sie zum Platz mit dem großen Baum, den Sie bereits am Ende der 1. Etappe kennengelernt haben. Die heutige Strecke ist gut markiert, aber vom Schwierigkeitsgrad als schwer einzuschätzen.

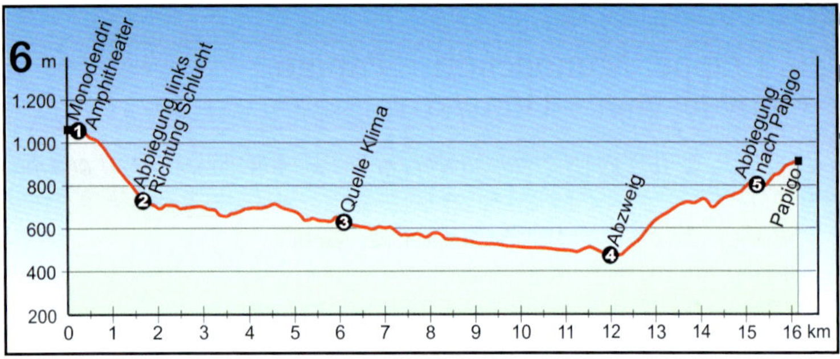

Den Startpunkt der Etappe bildet der zentrale Dorfplatz von Monodendri. Sie biegen dieses Mal in Richtung Kirche ab und folgen somit dem braunen Hinweisschild an der Rizarios Schule für Kunsthandwerk, das für den Weg nach Papigo durch die Vikos-Schlucht eine Gehzeit von 6 Std. angibt. Hier verläuft eine gepflasterte Straße mit einem Streifen dunkler Steine in der Mitte. Die Kirche lassen Sie zu Ihrer rechten Seite hinter sich und folgen dem mit roten Strichen markierten Weg. Für den Fall, dass Sie nicht in Papigo oder Vikos, sondern wieder in Monodendri übernachten möchten, bietet ein Busunternehmen unter 📱 00 30/69 48 14 27 97 seine Dienste an. Laut einem an einem Strommast angebrachten Plastikschild holt der Bus einen von überall ab und verfügt über 17 Sitzplätze. Der Name des Anbieters befindet sich nicht auf dem Schild, allerdings lässt sich über die Telefonnummer ermitteln, dass es sich um das Unternehmen Rafting Ioannina aus Aristi handelt (💻 www.raftingioannina.gr).

Anschließend werden Sie mit einem braunen Schild auf der rechten Seite noch mal an die Eintragung der Vikos-Schlucht 1997 in das Guinness-Buch der Rekorde erinnert. Dieser Titel ergibt sich durch die Messung der Tiefe der Schlucht in Relation zu ihrer Breite. Der Grand Canyon beispielsweise ist deutlich tiefer, aber auch breiter.

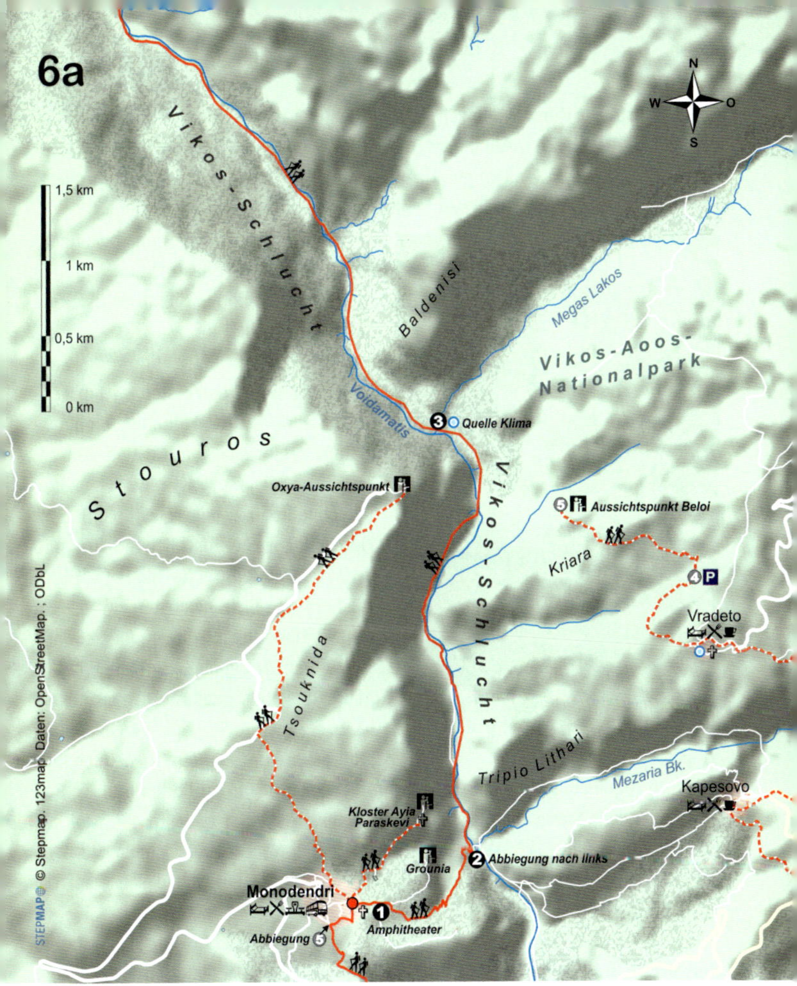

Wenige Meter danach erreichen Sie das THEATER ANGELOS KITSOS („ΘΕΑΤΡΟ ΑΓΓΕΛΟΣ ΚΙΤΣΟΣ") ❶ zu Ihrer Rechten. Werfen Sie gerne einen Blick in das Amphitheater, es ist sehr schön renoviert worden. Danach setzen Sie Ihren Weg an einer Informationstafel aus Holz vorbei weiter fort. Kurz danach sehen Sie eine Weggabelung mit zwei Hinweisschildern: Auf dem gelben

Schild weist ein grüner Pfeil nach links in Richtung des Aussichtspunktes Grounia (ΘΕΣΗ ΓΚΡΟΥΝΙΑ). Auf einem dunkelroten Schild heißt es, dass es zur Vikos-Schlucht (Χαράδρα Βικου) geradeaus weitergeht. Diesem Weg folgen Sie. Jetzt beginnt der Abstieg in die tiefste Schlucht der Welt!

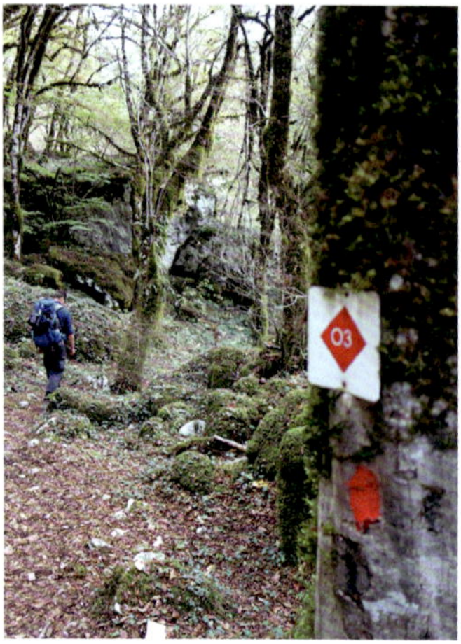

Das Zeichen für den O3 ist auf diesem Weg zu finden

Der Weg ist mit den bekannten Natursteinen gepflastert und neben roten Strichen finden Sie als Markierung auch das Zeichen für den O3.

Serpentine für Serpentine verliert der Weg an Höhe. In den ersten 850 m wandern Sie rund 140 Höhenmeter hinab. Daraus ergibt sich ein Abstieg von ca. 16,5 %. Danach erfolgt eine sehr kurze Verschnaufpause auf gleichbleibender Höhe, bevor Sie anschließend für rund 550 m wieder recht steil (33,4 % Abstieg) den Berg hinabsteigen. Vergessen Sie dabei nicht, die wunderschönen Aussichten zu genießen. Der Weg ist nun kaum noch gepflastert, aber steinig bleibt er dennoch. Zur Vereinfachung gibt es ab und zu Treppenstufen aus Stein. In regelmäßigen Abständen sind rote Markierungen zu finden (Punkte und Striche). Bevor Sie in der Schlucht unten angekommen sind, halten Sie sich bei der Abbiegung links ❷. Würden Sie nach rechts weitergehen, kämen Sie nach Kapesovo oder alternativ zu der Misiou-Steinbrücke. Ein Schild weist auf die Wegführung hin.

Die nächsten rund 280 m führen Sie tiefer in die Schlucht hinein, Sie wandern bergab. Sie folgen anschließend dem Wanderweg, der parallel zum Fluss Voidamatis auf dessen linker (westlicher) Seite verläuft, und genießen bereits die dicht um Sie herumstehenden Felswände. Bewundern Sie die atemberaubende Natur und das Gefühl, ein sehr kleiner Teil von dieser zu sein.

Sie erreichen rund 700 m nach dem Abzweig ❷ einen steinigen, aber leichten Abstieg. Teilweise kletternd überwinden Sie Steinfelsen auf Ihrem Weg. Nach weiteren ca. 400 m erreichen Sie eine U-förmige Abbiegung: Links führt der Weg

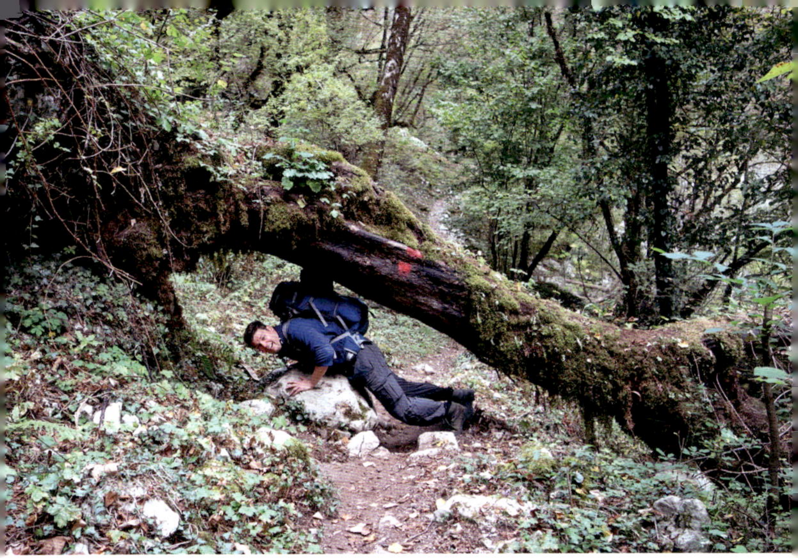

In der Schlucht ist ab und zu sportlicher Einsatz gefragt

bergauf und rechts bergab. Sie halten sich rechts. Der Waldweg wird immer wieder durch Geröllansammlungen unterbrochen. Nach rund 450 m führt der Weg Sie in Serpentinen für ca. 100 m in das Geröllfeld des Flusses. Die letzten Meter gehen Sie über steinerne Treppenstufen. Sie wandern weiter an der linken Seite des Geröllfeldes an großen Steinen zu Ihrer linken Seite entlang. Ein Stein auf dem Boden ist mit zwei kurzen roten Strichen markiert. Danach geht es direkt durch die Gesteinsbrocken weiter. Nach rund 200 m im Flussbett führt eine weitere steinerne Treppe wieder aus dem Geröllfeld raus.

Im Anschluss geht es über große Steine markiert mit roten Strichen weiter. Dann haben Sie wieder den Pfad durch den Wald erreicht, der in regelmäßigen Abständen mit dem O3-Zeichen gekennzeichnet ist. Der Pfad führt auf und ab, dabei gibt es mehrere freie Stellen, an denen Sie die Felswände der anderen Seite bestaunen können. Nach rund 400 m erreichen Sie eine Baumwurzel, die über den Pfad ragt. Ein Stein mit rot markierter Spitze liegt mittendrin. Sie können die Wurzel aber einfach überwinden.

Nach ca. 1,2 km erreichen Sie einen kurzen Serpentinenabstieg, der Sie zu einem engen Pfad über der Felswand führt. Dank eines Seils und eines auf den Steinen liegenden Drahtzauns, die für Halt sorgen, ist die Stelle gut überwindbar, nichtsdestotrotz ist erhöhte Vorsicht geboten. Auf vergleichsweise ebenen Waldboden setzen Sie Ihre Wanderung fort und erreichen nach rund 750 m ein grün-gelbes Schild, auf dem in Griechisch steht, dass es links nach Monodendri, also in die Richtung, aus der Sie kommen, und rechts nach Vikos und Papigo geht.

Anschließend öffnet sich die Schlucht ein wenig für Sie. Links von Ihnen auf den Bergspitzen liegt der Oxya-Aussichtspunkt, der zu Fuß (☞ 5. Etappe, Extratour: Steinwald und Oxya-Aussichtspunkt) oder mit dem Auto zu erreichen ist und rund 7,4 km von Monodendri entfernt liegt. Rechts oben von Ihnen erahnen Sie den Aussichtspunkt Beloi, den Sie bereits in der Extratour besucht haben. Schräg rechts vor Ihnen erkennen Sie die nun deutlich tiefere und von Ihnen bereits in der 3. Etappe in Anfängen erwanderte Schlucht Megas Lakos. An dieser Ecke befindet sich mit der Quelle Klima ❸ der einzige Zugang zu Trinkwasser auf Ihrer heutigen Etappe. Nach einer kleinen Rast an der Quelle setzen Sie Ihren Weg fort und kommen nach weiteren rund 80 m an ein neues

Quelle Klima

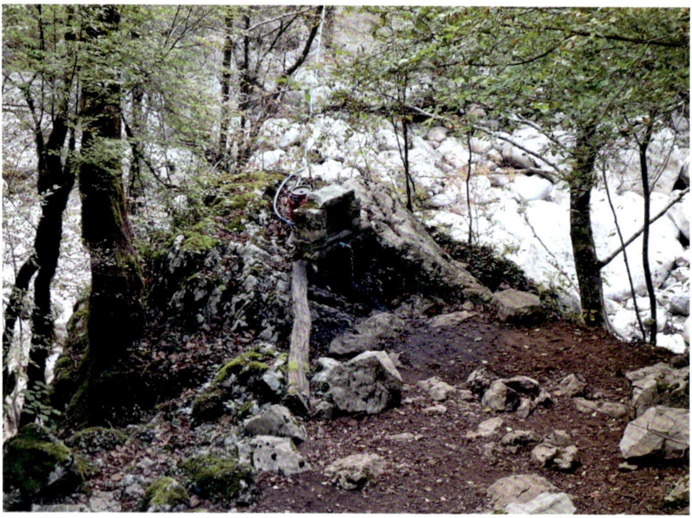

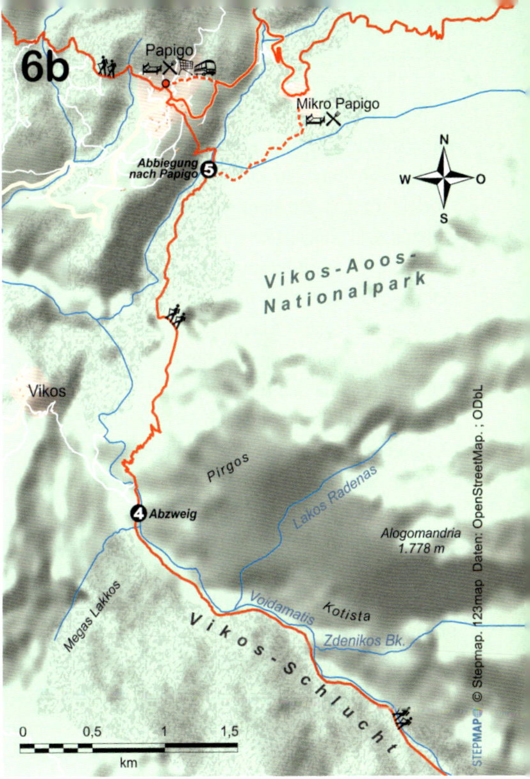

grün-gelbes Schild, das nach links Kapessovo (Schreibweise Schild) und Monodendri und nach rechts Papiggo (Schreibweise Schild) sowie Vikos anzeigt. Sie folgen dem Weg über Steine, auf denen sich auch die rote Markierung findet. Anschließend führt der Weg Sie wieder über angenehmen Waldboden. Nach weiteren ca. 1,1 km erreichen Sie ein dunkelrotes Schild, auf dem die Orte Vikos und Papigo auf Griechisch geschrieben sind. Der weiße Pfeil darunter verdeutlicht Ihnen, dass Sie sich auf dem richtigen Weg befinden. Kurz danach versperrt Ihnen ein großer entwurzelter Baum den Weg. Da er mit einem roten Punkt der Wegführung gekennzeichnet ist, ist davon auszugehen, dass er bereits längere Zeit dort so liegt. Sie können entweder unter dem Baum hindurch- oder aber über das Hindernis hinüberklettern und dem Waldweg weiter folgen.

Als nächsten markanten Punkt erreichen Sie nach weiteren rund 630 m einem Schrein aus Stein zu Ihrer Rechten. Nach einem eher ebenen Abschnitt durch den Wald neben dem Flussbett geht es nach etwa 1,6 km wieder über markierte Felsen hinauf. Sie bieten eine gute Möglichkeit, noch einmal tief in die Schlucht hineinzuschauen. Kurz danach führt der Weg wieder über Wald-, Wiesen- und Steinboden.

Nach rund 12 km Wanderung seit dem Start aus Monodendri erreichen Sie eine Abzweigung mit grün-gelbem Schild ❹. Wenn Sie hier den linken Weg wählen, erreichen Sie nach weiteren ca. 2,7 km und 260 Höhenmetern das kleine Dörfchen Vikos. Ein kleines gelbes Schild zeigt an, dass es bis Vikos rund 45 Min. Gehzeit sein sollen. Das Ziel der heutigen Etappe lautet jedoch Papigo (Megalo) in rund 4,1 km Entfernung und dementsprechend bleiben Sie auf dem O3-Wanderweg und biegen nach rechts ab. Sie folgen dabei einfach den auf dem Boden gezeichneten roten Doppelpfeil. Nach dem Abzweig bleiben Sie noch rund 200 m auf der bisherigen Seite des Flussbettes und laufen über größere Steine. Dann geht es die letzten Meter in das Flussbett hinunter. Diese Stelle bildet den tiefsten Punkt Ihrer heutigen Wanderung. Sie durchwandern das Flussbett (im Oktober vollständig trocken) und wechseln auf die andere Seite. Der Weg auf der anderen Seite ist an dem O3-Zeichen und weiteren roten Markierungen gut zu erkennen. Ihr Wanderweg setzt sich somit auf der rechten (östlichen) Seite des Flussbettes fort. Nach dem Seitenwechsel beginnt ein steiler Anstieg von rund 22 % für die nächsten etwa 700 m. Serpentine für Serpentine schrauben Sie sich wieder in die Höhe. Als Markierung finden Sie vor allem weiße Schilder mit roten Pfeilen. Danach folgt für die nächsten 1,8 km ein moderater Anstieg von rund 14,7 %. Anschließend verläuft der Weg kurz etwas abschüssig und Sie verlieren die mühsam erlaufenen Höhenmeter. Glücklicherweise folgt danach aber gleich wieder ein sanfter Anstieg. Der Pfad führt Sie immer weiter Richtung Norden, Richtung Papigo. Sie kommen an bizarren Gesteinsformationen vorbei, die mit viel Fantasie wie eine Krone aussehen. Eine Gesteinssäule – mit Fantasie ein mahnender Finger – wird sichtbar. Ihr Weg führt Sie weiter durch den Wald und steigt weiter an. In der Ferne können Sie auf der linken Seite den Funkturm ausmachen, der zwischen Ano Klidonia und Papigo steht. Des Weiteren sehen Sie in der Entfernung ebenfalls große runde Höhlen im Felsen.

Vom Abzweig am Flussbett ❹ erreichen Sie nach etwa 3,3 km und einem Anstieg von rund 400 Höhenmetern die Kreuzung ❺, an der es nach Megalo Papigo geht. Sie erkennen diese an dem grünen Schild, auf dem in gelber Schrift auf Griechisch Megalo Papigo (ΜΕΓΑΛΟ ΠΑΠΙΓΚΟ) und Mikro Papigo (ΜΙΚΡΟ ΠΑΠΙΓΚΟ) zu sehen sind. Sollten Sie Ihre Unterkunft in Mikro Papigo, dem kleineren der beiden Orte, gebucht haben, könnten Sie jetzt rechts abbiegen und würden Mikro Papigo direkt erreichen. Für alle, die im größeren Megalo Papigo nächtigen, geht es geradeaus weiter. Der Weg geradeaus ist zur

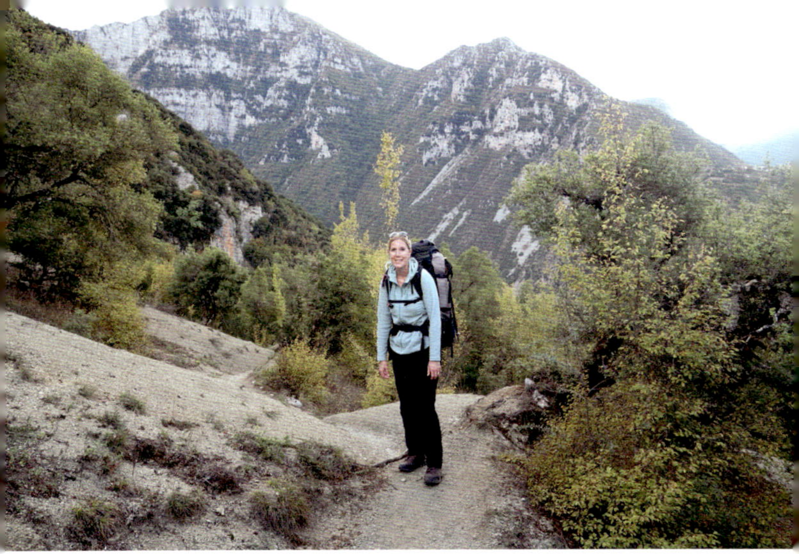

Aufstieg aus der Schlucht nach Papigo

Unterstützung noch mit einem roten Punkt an einem Baumstamm und mit einem O3-Zeichen markiert. Ein blaues Schild zeigt an, dass hier auch der 42-km-Lauf (inzwischen 44 km) des Berglaufs Zagori Mountain Running entlangführt. Der Weg verläuft über einen Geröllhang. Auf dem schmalen Pfad hindurch lässt es sich jedoch gut wandern. Nach rund 140 m erreichen Sie einen Bach. Mehrere Steine sind wie zu einer Brücke im Bach zusammengelegt worden. Diese nutzen Sie, um den Bach trocken zu überqueren. Der Weg führt dann wenige Meter rechts von den Steinen wieder in den Wald hinein und Sie schlängeln sich wieder den Berg hoch. Gleich zu Beginn sehen Sie einen roten Punkt auf einem Baum, der Ihnen den Weg zeigt. Nach rund 200 m, auf denen Sie 44 Höhenmeter überwinden, erreichen Sie einen Feldweg. Zeichen von Zivilisation begrüßen Sie, wenn Sie zu Ihrer Rechten eingezäunte Gärten und die Rückseite des Astra Inn erblicken. Ihr Pfad, auf welchem Sie im Rückblick auch kleine blaue Schilder sehen, die in griechischer Sprache auf die Vikos-Schlucht hinweisen, trifft kurz vor dem Erreichen der Straße auf einen anderen Feldweg. Blicken Sie ruhig noch einmal zurück auf die schönen Berge hinter Ihnen. Sie sehen den großen achteckigen Turm von St. Vlasios und biegen an der dort liegenden T-Kreuzung nach rechts ab. Kurz danach biegen Sie beim Hostel Lakis Rooms in die Straße nach links ab und erreichen wenig später hinter den Restaurants Aris und Astraka den Platz mit Vikos-Aoos-Geopark-Information sowie dem alten Baum, den Sie aus Etappe 2 kennen. Sie sind am Ziel und können nun Ihre Unterkunft suchen und ein wohlverdientes Essen genießen.

Papigo

☞ 1. Etappe

7. Etappe: Papigo – Klidonia (Πάπιγκο – Κλειδωνιά)

9 km, 3 Std., ↑ 256 m, ↓ 747 m, ⇧ 420-1.035 m

0,0 km	⇧ 929 m	Papigo
0,5 km	⇧ 947 m	Agios Athanásios (Άγιος Αθανάσιος)
1,5 km	⇧ 936 m	Schrein
4,8 km	⇧ 973 m	Funkturm
5,4 km	⇧ 885 m	Weggabelung mit Abzweig zu den Klöstern
5,8 km	⇧ 885 m	Gemeindekirche (Ko ímesis tes Thotókoy) in Ano Klidonia
6,3 km	⇧ 879 m	Agios Athanásios (Άγιος Αθανάσιος)
9,0 km	⇧ 420 m	Kirche von Petrov und Pavlou (Εκκλησία Πέτρου & Παύλου), Klidonia

Eine letzte, mittelschwere Wanderung durch den Zagori-Nationalpark! Ein bisschen Wehmut, dass sich der Rundkurs dem Ende zuneigt, schwingt heute sicher mit. Genießen Sie daher noch einmal besonders den wunderschönen Ort Papigo sowie die tollen Ausblicke zurück zur Astraka-Hütte und zur Vikos-Schlucht. Der Weg ist derselbe wie auf der 1. Etappe und es ist ein schönes Gefühl zu wissen, was vor einem liegt, und sich auf ein Wiedersehen mit den Unterkunftsbesitzern in Klidonia zu freuen. Die Treppenstufen (Skala), der Schrein, der Funkturm, das ruhige Ano Klidonia und der Weg hinunter nach Klidonia – alles kennen Sie jetzt schon gut und es bleibt Ihnen mehr Zeit für die Schönheit der Natur. Nach rund 9 km erreichen Sie wieder Ihren Ausgangsort Klidonia und haben den Zagoria-Trek erfolgreich gemeistert. Herzlichen Glückwunsch!

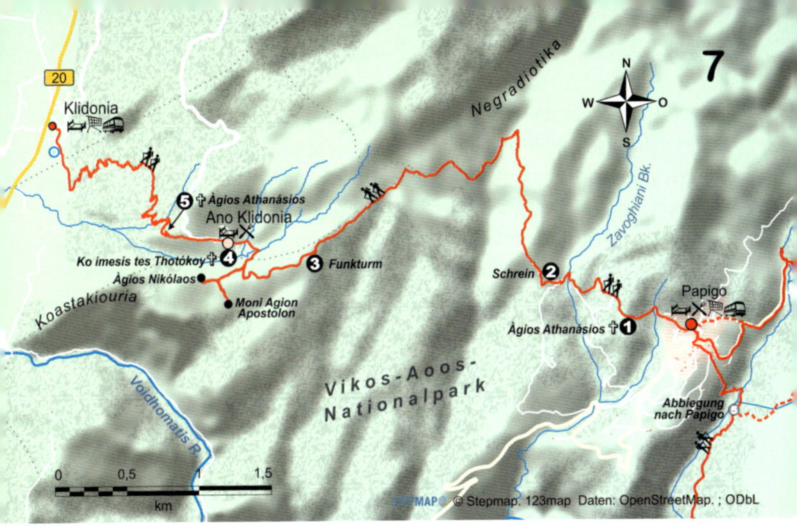

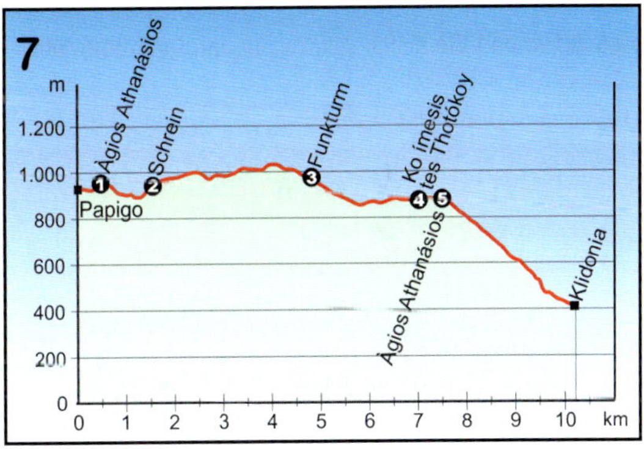

Morgens schiebt sich die Sonne langsam um das Astraka-Massiv herum und beleuchtet es stellenweise. Ein herrlicher Anblick! Mit diesem Blick geht es – je nachdem, wo in Papigo Sie übernachtet haben – zum zentralen Platz mit dem großen Baum beim Restaurant Astraka. Der Baum ist Ihnen bekannt, hier endeten sowohl Ihre erste als auch die siebte Etappe. Wenn Sie vor der Treppe, die hinauf zum Baum führt, stehen, halten Sie sich links und biegen in den gepflasterten Weg zwischen dem Café Koulis und dem Restaurant Astraka ein. Bei der Unterkunft Saxonis Houses halten Sie sich weiter geradeaus und biegen nicht nach links ab. Sie kommen an der Unterkunft Ariston Hotel vorbei. Auf der Steinmauer zu Ihrer Rechten sehen Sie ab und zu rote Punkte. Der gepflasterte Weg endet und Sie erreichen nach rund 300 m eine Holztafel mit Wanderwegen, wie sie Ihnen schon an vielen Stellen des Nationalparks begegnet ist. Nun laufen Sie auf einem Schotterweg weiter. Kurz danach haben Sie wieder eine schöne Sicht auf Papigo mit dem Bergmassiv im Hintergrund. Weiße Schilder mit roten Pfeilen markieren den Weg. Sie bleiben auf dem breiten Schotterweg und kommen zur kleinen Kirche Agios Athanásios (Άγιος Αθανάσιος) ❶. Kurz danach gabelt sich der Weg das erste Mal und Sie folgen den roten Dreiecken nach rechts. Anschließend gabelt sich Ihr Weg ein weiteres Mal und Sie halten sich dieses Mal links und folgen dem abschüssigen Pfad. Ein weißes Schild mit rotem Pfeil beim linken Weg unterstützt Ihre Entscheidung. Danach gehen Sie auf dem breiten Fahrweg einfach weiter geradeaus. Nach einer kleinen Senke voller Steinen wird der Weg zu einem schmalen Pfad, sich rechts haltend gehen Sie über eine Art Treppe hinauf. Nach ein paar Metern ist die Treppe auch deutlich zu erkennen. Sie endet nach etwa 80 m und Sie halten sich rechts, um Ihren Weg über eine weitere Treppe

Die Kirche Agios Athanásios

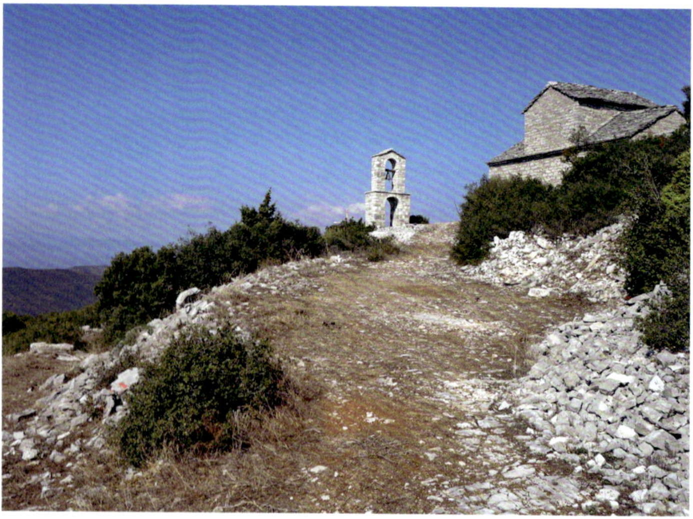

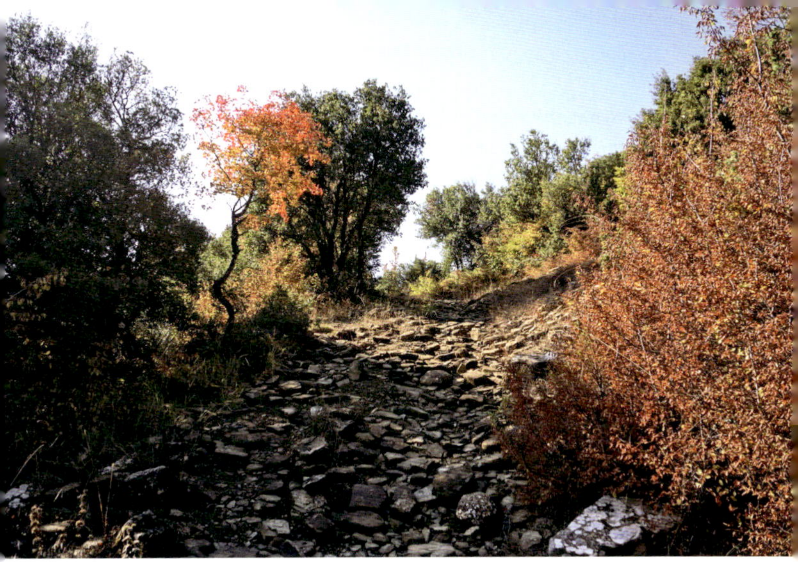

Wunderschöner Nationalpark

fortzusetzen. Ein weißes Schild mit rotem Pfeil steht am Anfang dieser zweiten Treppe. Die Treppenstufen enden und Sie kommen auf den bekannten steinigen Weg. Als Nächstes erreichen Sie den Schrein aus Stein ❷.

Der Weg führt am Schrein vorbei und Sie folgen dem roten Pfeil auf dem weißen Schild. Anschließend wandern Sie wieder auf einem schmalen Pfad. Ein paar Treppenstufen führen kurz hinab und über Steine geht es die verlorenen Höhenmeter gleich wieder hinauf. Rote Punkte als Markierung sind hier regelmäßig vorhanden. Zu Ihrer Linken sehen Sie bei freier Sicht noch einmal die Vikos-Schlucht, die Sie gestern auf der 6. Etappe durchwandert haben. Sie bewältigen weitere Höhenmeter und kommen rund 2,6 km nach dem Schrein ❷ zu der Bank aus Stein. Ein guter Platz für eine kurze Pause. Die Spitze des Funkturms wird sichtbar. Noch an einem großen Eichenbaum zur Rechten und einer kleinen Kirche zur Linken vorbei, dann haben Sie den Funkturm ❸ nach weiteren ca. 630 m auch schon erreicht. Vom Funkturm können Sie Ano Klidonia sehen. Vielleicht entdecken Sie auch noch ein paar Pferde, die sich dort gerne aufhalten. Der Weg führt hinab, an einer Quelle im Steinhaus mit Holzdach vorbei, und nach der nächsten Kurve haben Sie den Ort erreicht. Bei unserer Wanderung saßen die drei bereits in der 1. Etappe vorgestellten Hunde des Besitzers der Unterkunft

Filoxenonas schwanzwedelnd wie ein Empfangskomitee am Ortseingang. Sie waren sehr lieb und sind nicht an uns hochgesprungen oder dergleichen. Gemeinsam sind wir ganz gemütlich in den Ort Ano Klidonia ❹ hineingewandert. Der Weg führt direkt an dem Zuhause der Hunde vorbei. An Steinmauern rechts und links geht es weiter. Der Weg ist noch ein Stück gepflastert, bis er bei einem Hinweisschild für die Kirche Agios Athanásios in einen Grasweg übergeht. Die Kirche Agios Athanásios ❺ mit ihrem Kreuz und dem Glockenturm erscheint und Sie können hier noch einmal rasten und die Aussicht genießen. Anschließend wandern Sie vor der Kirche entlang und folgen der roten Markierung. Danach geht es Höhenmeter für Höhenmeter bergab nach Klidonia. Rote Pfeile und Punkte markieren den Weg. Ein Schrein aus Stein mit rotem Punkt wird rund 480 m nach der Kirche sichtbar. Danach folgen Steine mit der aufgemalten Wegführung. Als nächsten markanten Punkt erreichen Sie nach weiteren rund 1 km einen Strommast mit den roten Pfeilen. Hier halten Sie sich rechts. Im Anschluss folgt unmittelbar eine Stelle, wo extra Steine und abgeschnittene Zweige hingelegt wurden, um dem Wanderer zu verdeutlichen, dass es dort nicht weitergeht und er auf dem bisherigen Weg bleiben kann.

Willkommenskomitee in Ano Klidonia

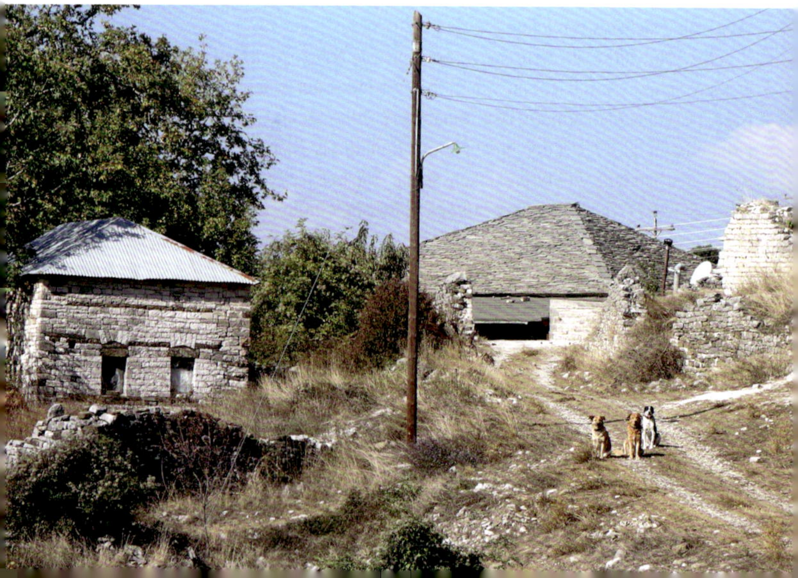

Dann wandern Sie nach rund 450 m an einem Maschendrahtzaun zu Ihrer Rechten entlang und erreichen kurz darauf ein Wasserbecken, von dem Schläuche abführen. Sie wandern weiter bergab und kommen zur Kirche mit dem Glockenturm und den Rundbögen, die weiß-rot angemalt sind. Achten Sie anschließend auf die roten Punkte, um nicht vom Weg abzukommen. Ein großer Gesteinsbrocken rechts erscheint rund 40 m nach der Kirche. Sie wandern nicht zu ihm hin, sondern bleiben auf Ihrem Weg. Ein Schlauchsystem führt am Wanderweg entlang und bietet Ihnen eine gute Orientierung bergab. Nach rund 50 m erreichen Sie eine verfallene Hausmauer. Die roten Pfeile weisen Ihnen weiterhin den Weg. Zu Ihrer Linken erscheint das erste bewohnte Haus mit der Nummer 196 und einem großen schwarzen Tor. Der Weg führt an einer Laterne vorbei und mündet in eine asphaltierte Straße, auf der Sie sich rechts halten. Wenn Sie sich umdrehen, sehen Sie, dass auf der Laterne ein Pfeil den Weg bergauf weist. Sie folgen dieser Asphaltstraße hinunter in den Ort. Auf der Straße und an Strommasten finden Sie weitere rote Punkte. Sie erreichen eine Wasserquelle auf der rechten Seite und nach weiteren rund 90 m die zweite Quelle. Nach noch einmal ca. 80 m biegt die Autostraße nach rechts ab. Sie können ihr weiterhin folgen und an der nächsten Kreuzung nach links abbiegen oder Sie biegen hier kurz nach links auf dem grob geteerten Weg mit Rillen ab. Dann halten Sie sich unmittelbar nach dem Abbiegen wieder rechts. Die Kirche von Petrov und Pavlou (Εκκλησία Πέτρου & Παύλου) mit der blauen Kuppel auf dem Glockenturm ist der Endpunkt Ihrer Wanderung durch den Vikos-Aoos-Nationalpark. Sie haben den Zagoria-Trek geschafft!

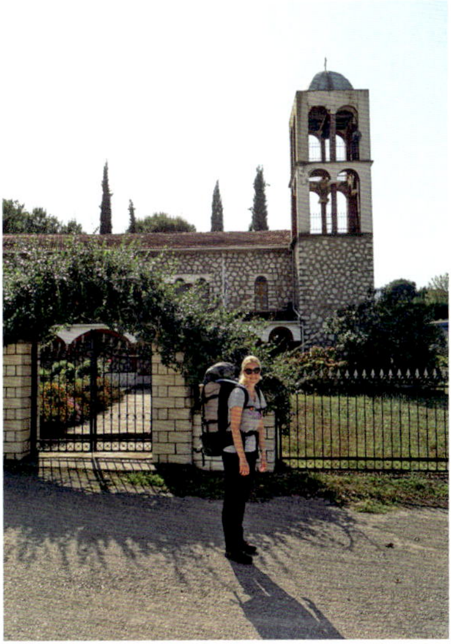

Geschafft! Wieder am Anfang angekommen

Extra: Nationalpark Olympus

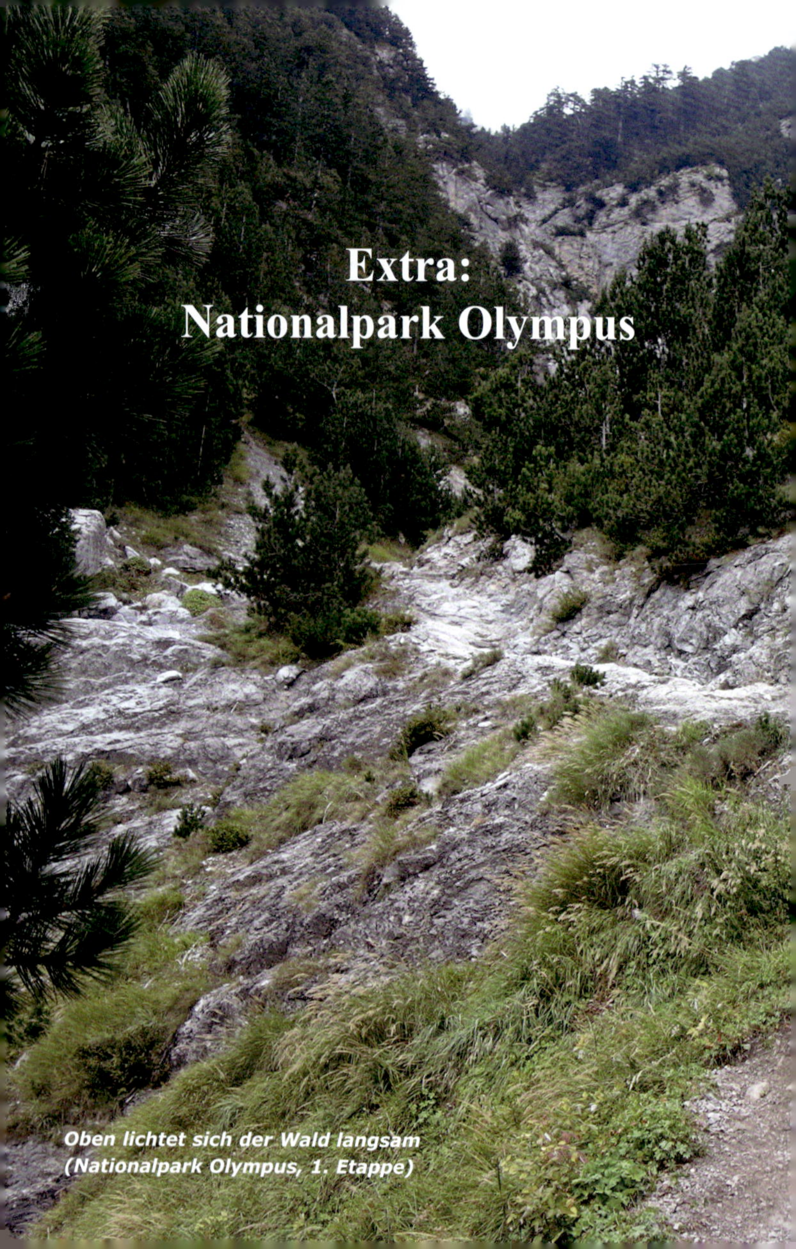

Oben lichtet sich der Wald langsam (Nationalpark Olympus, 1. Etappe)

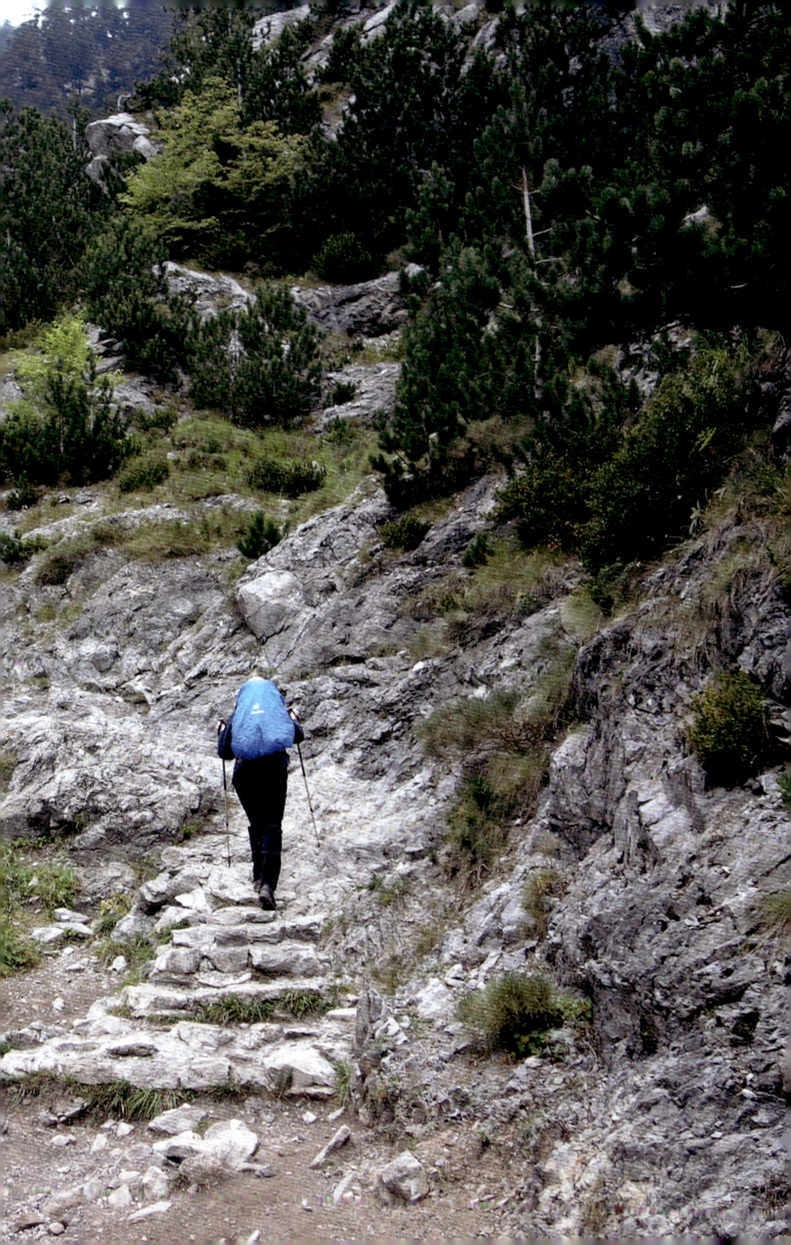

1. Etappe: Priònia – Spilios Agapitos

➲ 6,3 km, ⌛ 3 Std. 30 Min., ↑ 1.025 m, ↓ 69 m, ⇧ 1.084-2.059 m

0,0 km	⇧ 1.103 m	Parkplatz Priónia am gleichnamigen Restaurant ✕
2,2 km	⇧ 1.363 m	Rastplatz mit Holzpavillon und Brunnen
2,4 km	⇧ 1.396 m	1. Wegweiser (Refuge A', Litochoro, Mavrologos – Livadaki)
4,4 km	⇧ 1.683 m	2. Wegweiser (Refuge A', Litochoro, Gomarostalus – Petrostrouga)
6,3 km	⇧ 2.059 m	Refuge A' (= Spilios Agapitos) ✕

Die erste Etappe auf den Olymp bis zur Hütte Spilios Agapitos, kurz Refuge A', beginnt am Parkplatz Priónia. Dort können Sie sich noch im gleichnamigen Restaurant Priónia stärken und Ihre Wasserflasche mit kaltem, klarem Quellwasser des Flusses Enipeas auffüllen. Danach geht es auf einem leicht steinigen Weg durch den Wald stetig bergauf, immer dem E4 folgend. Es folgt ein schöner Rastplatz mit einem Holzpavillon für die erste kleine Pause. Der Weg führt immer weiter hinauf an zwei gelben Wegweisern vorbei, denen Sie die ganze Zeit Richtung Refuge A' folgen. Je höher Sie kommen, desto schöner wird der Blick auf die umliegenden Wälder und Berge. Der dichte Wald wird bald lichter und Sie können den Zaun sowie das Dach der Hütte Spilios Agapitos erahnen. Nach ein paar weiteren Serpentinen haben Sie die Hütte erreicht und einem leckeren griechischen Essen vor einem der Kamine steht nichts mehr im Weg. Der Schwierigkeitsgrad der Etappe ist mittel.

☺ *Da die Hütte sehr beliebt ist, empfiehlt es sich, vor dem Aufenthalt die erforderliche Anzahl von Betten zu reservieren.*

Vom Ort Litochoro führt eine Straße bis zum Parkplatz Priónia, dem Endpunkt der Straße. Sie schlängelt sich in Serpentinen bis auf 1.100 m den Berg hinauf. Zunächst ist die Straße gut geteert, danach gibt es zwei Abschnitte aus losem Gestein. Diese beiden kurzen Abschnitte ohne Teerdecke lassen sich jedoch auch mit einem Kleinwagen meistern. Hier sollten Sie allerdings sehr langsam fahren und versuchen, Löcher zu vermeiden. Der Parkplatz selbst ist wieder geteert und bietet Platz für ca. 40-50 Autos. Durch das Restaurant gibt es Gäste, die nur für

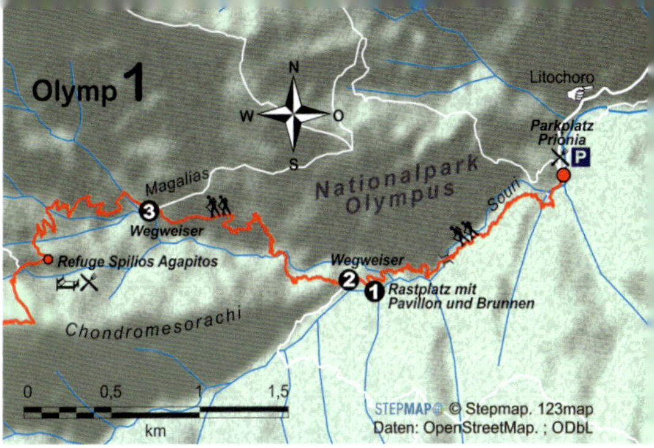

eine kurze Zeit hier parken. Sollte zunächst kein Parkplatz zu finden sein, kann also dennoch zeitnah etwas frei werden. Der Parkplatz selbst erschien uns sicher und so ließen wir die Utensilien, die wir für die Wanderung nicht brauchten, im Auto. Wertsachen trugen wir natürlich immer bei uns. Am Parkplatz befinden sich das griechische Restaurant Priónia, ein Toilettenhäuschen und eine Wasserquelle, an der sich die Trinkflasche oder der Wassersack auffüllen lassen.

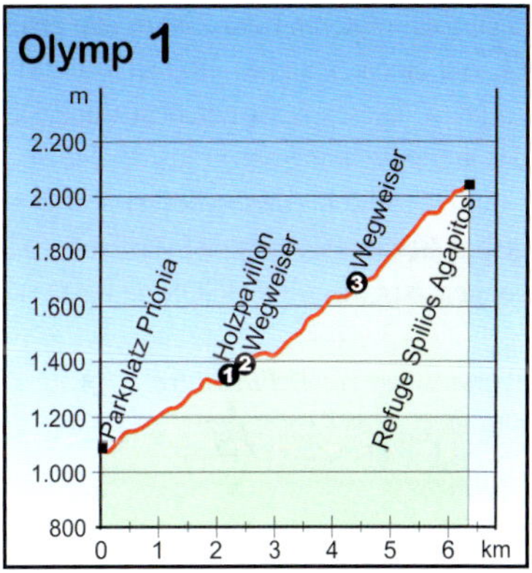

Wenn Sie an der Quelle vorbeigehen, finden Sie zwei Anzeigetafeln aus Holz. Auf der einen Anzeigentael ist durch Symbole vermerkt, was im Olympus Nationalpark verboten ist, beispielsweise Jagen, Wildcampen oder das Wegwerfen von Müll. Auf der anderen Holztafel befinden sich eine Karte zum E4, dem Wanderweg des heutigen Tages, sowie Fotos von Hütten in der Umgebung, u. a. der Hütte Spilios Agapitos, dem heutigen Ziel. (Andere Hütten, die aufgeführt werden, sind Yiossos Apostolidis, Petrostruga und Dimitris Boudolas.)

Der Einstieg in den E4 beginnt rechts neben den Holztafeln mit flachen Steinstufen. Auf den Stufen ist deutlich sichtbar, dass Maultiere den Weg bis zur Hütte Spilios Agapitos regelmäßig nutzen, um diese mit Lebensmitteln zu beliefern. Der Weg ist jedoch breit genug, dass Sie den Hinterlassenschaften der Maultiere ausweichen können. Es folgen nach rund 60 m eine Holzbrücke über den Fluss und mehrere kleine Wasserfälle zur Rechten. Danach beginnt der anfangs noch gemächliche Aufstieg auf steinigen Serpentinen durch den Wald hinauf. An mehreren Stellen wurden Holzstufen eingebaut. Sie kommen an kleinen Holzpfählen entlang, auf denen auf einer gelben Raute die Aufschrift „E4" zu sehen ist. Der Weg lässt sich jedoch kaum verfehlen, daher sind die Kennzeichnungen lediglich eine zusätzliche Hilfe. Sie haben bereits 260 Höhenmeter hinter sich, wenn Sie einen Holzpavillon ❶ erreichen. An diesem Rastplatz gibt es eine Quelle, aus der Trinkwasser kommen soll. Als wir Ende September dort waren, führte sie jedoch kein Wasser.

Der Weg führt über mehrere Baumwurzeln weiter hinauf. Mit zunehmender Höhe wird der Blick auf den umliegenden Wald und die Berge schöner. Sie erreichen nach weiteren rund 200 m den ersten Wegweiser mit drei gelben Schildern ❷. Auf einem Schild ist „REFUGE A'- SPILIOS AGAPHTOS (E4) – SUMMITS" zu lesen. Dieses weist geradeaus und Sie folgen der Beschilderung. Ein Schild, das in die Richtung zeigt, aus der Sie gekommen sind, nennt als Ziel „PRIONIA – LITOCHORO", dieses berücksichtigen Sie erst bei Ihrem Abstieg. Auf dem gelben Schild, das auf einen Abzweig nach links verweist und das Sie ignorieren können, ist „MAVROLOGOS – LIVADAKI" zu lesen.

Wanderweg zur Schützhütte

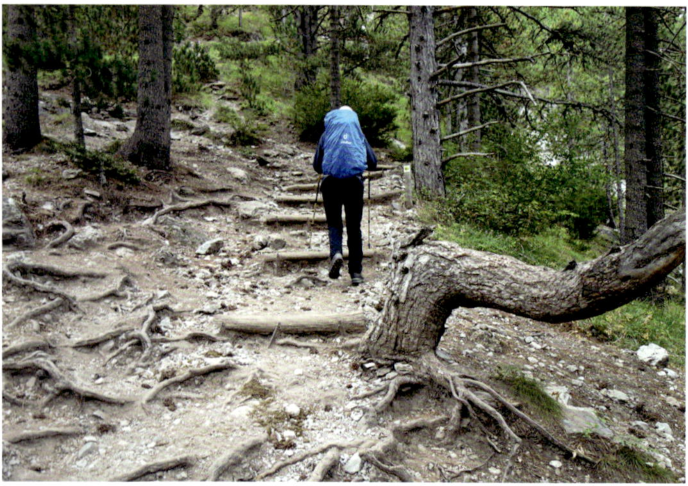

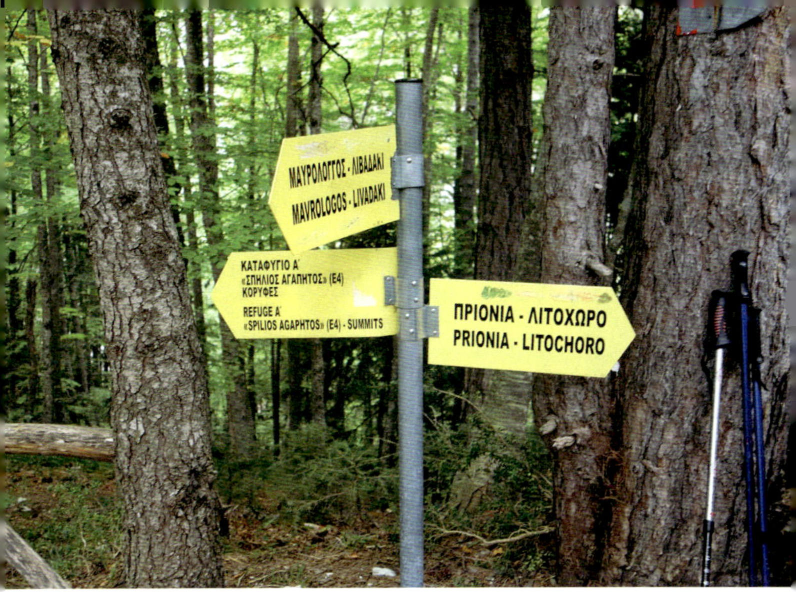

Wegweiser, der die Schutzhütte A' - Refuge A' ausschildert

Anschließend ist der E4 noch durch mehrere Holzpfähle mit gelber Raute rechts und links des Weges markiert. Nach rund 570 m durchqueren Sie einen zumindest im September kleinen und ausgetrockneten Flusslauf. Da der Weg allerdings so gekennzeichnet ist, können Sie davon ausgehen, dass dort auch im Frühjahr kein reißender Bach hinabstürzt. Anschließend geht es wieder bergauf. Den nächsten konkreteren Hinweis, dass Sie dem richtigen Weg folgen, finden Sie, nachdem Sie rund 950 m Strecke und rund 200 Höhenmeter überwunden haben: An einem Baum sehen Sie einen gelben Pfeil mit der Aufschrift „TO THE REFUGE". Den zweiten Wegweiser mit drei Richtungsschildern ❸ erreichen Sie nach weiteren rund 450 m. Sie folgen wieder dem gelben Pfeil mit der Aufschrift „REFUGE A' – SPILIOS AGAPHTOS (E4) – SUMMITS" und ignorieren insbesondere das gelbe, nach rechts weisende Schild mit der Aufschrift „GOMAROSTALOS – PETROSTROUGA". Sie merken, dass Sie auf dem richtigen Weg sind, da unmittelbar nach dem Wegweiser an einem Baum zu Ihrer rechten Seite ein gelbes Schild in Form eines Pfeils angebracht ist. Auf diesem wurde handschriftlich „TO THE REFUGE" vermerkt.

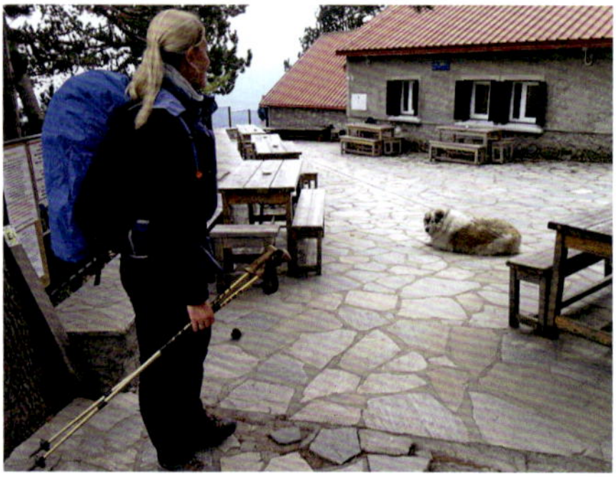

Ankunft an der Schutzhütte

Danach lichtet sich der Wald langsam und Sie wandern nach rund 200 m durch das erste von zwei ausgetrockneten Flussbetten. Der Weg ist weiterhin steinig und mit Wurzelwerk überzogen, die Blicke in die Umgebung sind allerdings wunderschön. Bald lassen sich links oben auf einem kleinen natürlichen Plateau der Zaun und später das Dach der Hütte A' erkennen. Dann ist das Ziel nicht mehr fern. Es folgt rund 1,1 km nach dem ersten nun das zweite ausgetrocknete Flussbett. Kurz davor ist ein weiteres gelbes Richtungsschild mit dem Hinweis auf die Hütte zu sehen. Jetzt heißt es Zähne zusammenbeißen und die letzten rund 620 m Strecke und rund 100 Höhenmeter überwinden, um anschließend die Hütte Spilios Agapitos zu erreichen. An der Hütte begrüßen den Wanderer zahlreiche Hunde. Ein großer, ruhiger Hund mit sehr viel Fell gehört zur Hütte. Die anderen Hunde sind zugelaufen und nicht immer da. Im Sommer sollen manchmal bis zu 10 Hunde an der Hütte sein, im September waren es vier.

🛏 ✕ Refuge A' (= Spilios Agapitos), Besitzerin: Maria Zolota, ☎ 00 30/235 20/818 00 (Telefonnummer für Reservierungen), 📱 00 30/69 73 21 06 87, ✉ info@mountolympus.gr, 💻 www.mountolympus.gr, Ü € 13 (inkl. Wolldecke und Kopfkissen, € 11 für Mitglieder eines Alpenvereins mit gültigem Ausweis), Schlafsack, Handtücher, Taschenlampe sowie Pantoffeln/Hüttenschuhe sind mitzubringen. Sie können bis 20:00 eintreffen, um 21:00 schließt das Restaurant, um 22:00 die Hütte. Die Besitzerin spricht Deutsch.

In der Hütte ist es gemütlich warm, denn die Aufenthaltsräume rechts und links der Rezeption werden mit Kaminen beheizt. An der Rezeption wird eine Auswahl an Leckereien wie Chips, Müsliriegeln und Weingummi angeboten. Maria Zolota, die meistens an der Rezeption anzutreffen ist, bewirtschaftet die Hütte und spricht durch ihre deutsche Mutter gut Deutsch. Die Rezeption nimmt auch die Getränke-

und Speisewünsche der Gäste entgegen. Auf der Speise- und Getränkekarte, die auch in deutscher Sprache ausgehängt ist, finden Sie mehrere verschiedene Getränke wie Tee, heiße Schokolade, Saft, Fanta und Bier, zum Essen gibt es beispielsweise Spaghetti Bolognese, griechischen Salat oder Suppe. Die Preise sind dafür, dass alles mit Maultieren zur Hütte gebracht wird, angemessen.

Die Zimmer liegen hinter den Aufenthaltsräumen oder im Nachbargebäude. Hüttenschuhe (z. B. Badelatschen) sind für den Aufenthalt erforderlich. Die Zimmer sind mit Doppelstockbetten ausgestattet. Auf jedem Bett liegt ein Kopfkissen und im Schrank gibt es zusätzlich Wolldecken. Ein Schlafsack ist dennoch erforderlich und von der Hütte selbst gewünscht. Die beiden Waschräume werden von Frauen und Männern gemeinsam genutzt und es gibt jeweils eine Dusche mit kaltem Wasser. Das Wasser aus der Leitung ist Schmelzwasser, daher bitten die Hüttenbesitzer um sparsame Wassernutzung, damit bis Ende Oktober, wenn die Hütte über Winter schließt, für jeden Gast noch etwas Wasser da ist. Nachts haben Sie von der Hütte einen wunderschönen Blick ins Tal und sehen die vielen Lichter von Litochoro. Ab 6:15 bietet die Hütte dann ein rustikales Frühstück für die Wanderer an.

Je höher Sie aufsteigen, desto schöner wird die Aussicht

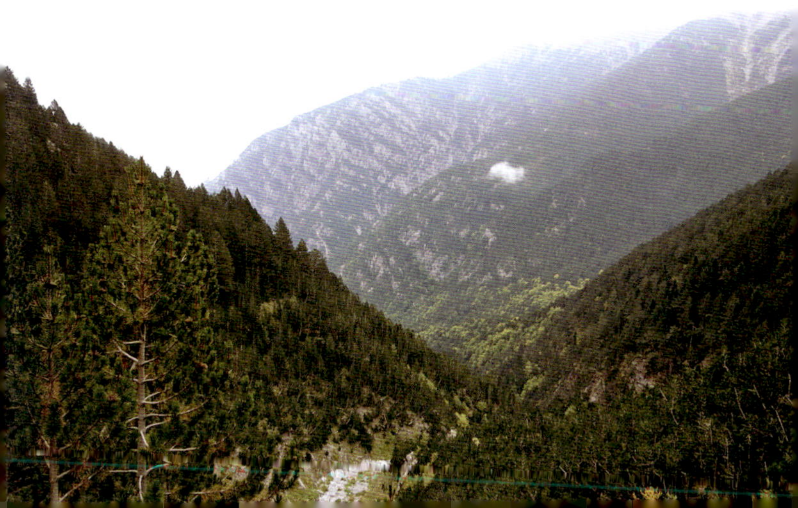

2. Etappe: Spilios Agapitos – Olymp-Gipfel Skala – Olymp-Gipfel Mytikas – Spilios Agapitos – Priónia

13,1 km, 8 Std. 30 Min., ↑ 1.002 m, ↓ 1.958 m, ⇧ 1.084-2.917 m

0,0 km	⇧ 2.059 m	Refuge A' (= Spilios Agapitos)
1,6 km	⇧ 2.474 m	Abzweig (Aufstieg über rote oder blaue Route)
2,8 km	⇧ 2.866 m	Skala
3,4 km	⇧ 2.918 m	Mytikas
5,2 km	⇧ 2.474 m	Abzweig (Aufstieg über rote oder blaue Route)
6,8 km	⇧ 2.059 m	Refuge A' (= Spilios Agapitos)
13,1 km	⇧ 1.103 m	Parkplatz Priónia am gleichnamigen Restaurant

Der höchste Berg Griechenlands, der Olymp, besteht aus 52 Gipfeln. Zwei liegen auf der heutigen Wanderung: der Skala mit 2.866 m und der höchste Gipfel, der Mytikas mit 2.918 m. In Serpentinen mit weiterhin beeindruckenden Blicken auf die umliegenden Berge geht es weiter hoch hinaus. Es stehen wieder einige Höhenmeter auf dem Programm. Zunächst geht es auf dem E4 weiter. Sie lassen die Baumgrenze hinter sich, nutzen die steinernen Bänke zum Krafttanken und nehmen dann den Aufstieg über höchst anspruchsvolles Gelände in Angriff. Nachdem Sie sich ins Gipfelbuch des Mytikas eingetragen haben, geht es über denselben herausfordernden Weg hinab zur Hütte und anschließend weiter Richtung Parkplatz von Priónia. Diese Etappe ist sehr schwer.

Heute erwartet Sie die herausforderndste Etappe, denn heute wollen Sie ordentlich Höhenmeter überwinden. Ihr Ziel ist es, in das Wohnzimmer der griechischen Götter vorzustoßen. Dazu verlassen Sie die Spilios Agapitos, verabschieden sich von den Hunden und gehen in westlicher Richtung hinter der Unterkunft den Anstieg hinauf. Sie passieren dabei zu Ihrer rechten Seite einen beeindruckenden Baum und eine Infotafel, welche die gleichen Informationen bietet wie die Infotafel hinter dem Parkplatz von Priónia.

Der Weg führt Sie bergauf und nach rund 300 m erreichen Sie eine erste Abzweigung. Drei gelbe Richtungsschilder weisen Ihnen unterschiedliche Wege. Der Pfeil nach rechts zeigt Ihnen den Weg zur Unterkunft Cristos Kakalos

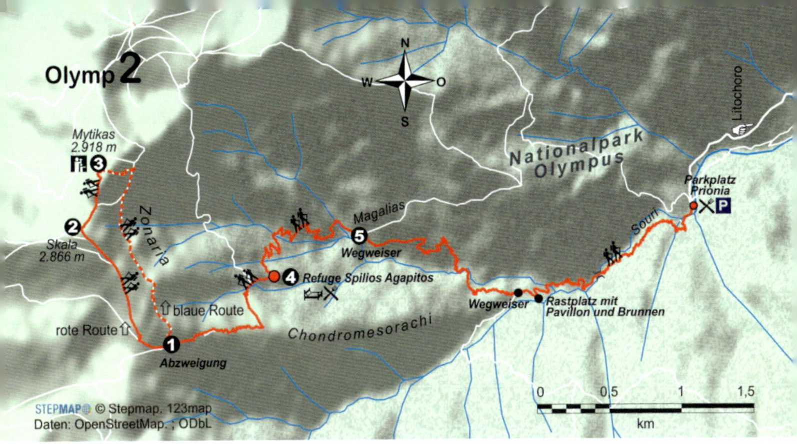

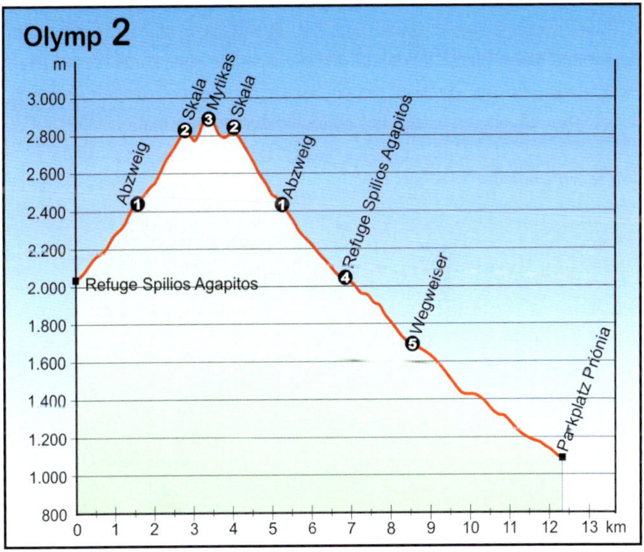

(„Refuge C"). Der Pfeil in die Richtung, aus der Sie gekommen sind, weist nach „PRIONIA" und „LITOCHORO". Diese Richtung ist wichtig für den Rückweg. Erst einmal folgen Sie aber dem Pfeil Richtung „E4 TO THE SUMMITS". Der Weg führt Sie nach dem Richtungsschild anfangs relativ eben und anschließend sehr steil weiter.

Nach rund 400 m und etwa 90 Höhenmetern erreichen Sie eine Steinbank. Die Wanderer werden an dieser Stelle manchmal von einem der Hunde der Hütte beobachtet und begrüßt. Diese begleiten manche Wanderer oder sitzen gerne an der Bank und warten auf Wanderer. Sie haben von dieser Steinbank einen wunderschönen Blick ins Tal und bei klarem Wetter ist auch leicht das Meer zu erkennen.

Der Weg führt Sie über ausgetretene und gut erkennbare Schotterpfade weiter bergauf. Die Menge der Bäume und des Grüns um Sie herum wird immer weniger. Der Weg wird steiniger und steiler und die Pfade sind nicht mehr so klar zu erkennen. Hier gilt aber: Viele Wege führen nach Rom! Die Richtung ist immer zu erkennen, allerdings gibt es steilere Abkürzungen, um Serpentinen zu verkürzen.

Eine zweite steinerne Bank rund 730 m Strecke und 210 Höhenmeter nach der ersten Bank bietet Ihnen die Möglichkeit für eine kurze Verschnaufpause. Ausgehend von der Bank erreichen Sie nach rund 180 m eine Abzweigungsmöglichkeit ❶ mit der bereits bekannten hölzernen Informationstafel, auf der eine

Wandern über den Wolken

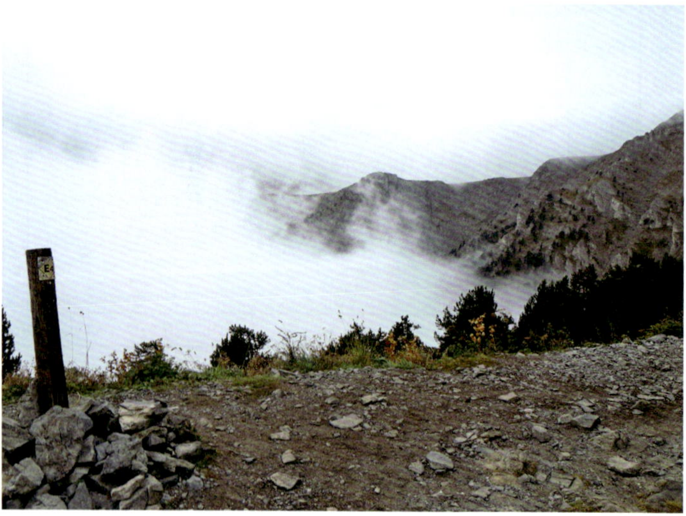

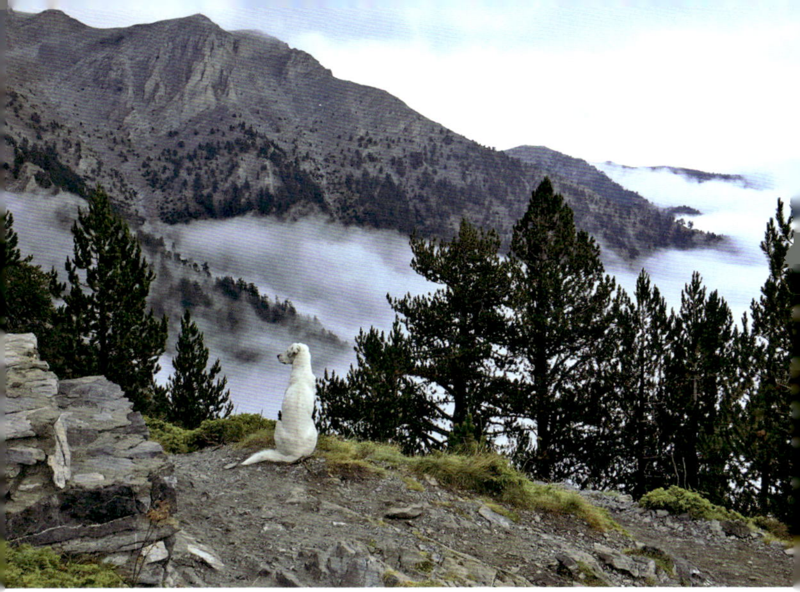

Die sportlichen Hunde auf dem Olymp

Karte über die Region inklusive der Unterkunftshütten zu finden ist. An dieser Stelle müssen Sie sich entscheiden, ob Sie den Mytikas über die rote oder über die blaue Tour besteigen wollen. Im Folgenden wird der Aufstieg über die rote Route beschrieben, den wir auch ausdrücklich empfehlen. Er ist für Freizeitwanderer bereits sehr herausfordernd. Die unten beschriebene Alternativroute über die blaue Route ist eher etwas für Kletterer.

Die rote Route führt Sie erst einmal auf dem E4-Wanderweg weiter. Er leitet Sie bis auf den Gipfel des Skala und Sie müssen ihn erst verlassen, wenn Sie sich auf den Weg zum Mytikas machen. Folgen Sie der Beschilderung auf den Holzpfosten oder den größeren Metallstangen am Wegesrand. Rund 230 m hinter dem Abzweig ❶ führt Sie der E4 an einer Abbiegung nach rechts. Sie folgen dem Schotterpfad für ca. 570 m bergauf und überwinden dabei etwa 200 Höhenmeter. Hier erreichen Sie nun eine Weggabelung. Sie folgen dem halb rechten Pfad in Richtung des Schildes für den E4 und ignorieren den halb linken Weg. Die E4-Hinweisschilder sind z. T. verwittert und schwer zu erkennen. Sie folgen dem Pfad für weitere rund 360 m und erreichen dann, nach dem Durchschreiten von zwei mit zahlreichen Stickern beklebten Metallstangen, den Gipfel des Skala (2.866 m)

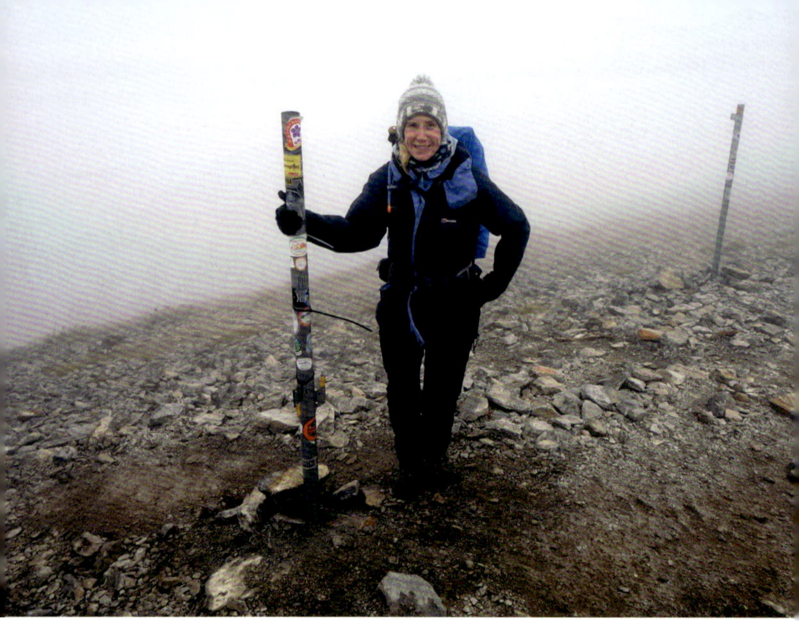

Gipfel Skala

❷. Hier finden Sie anders als auf dem Mytikas keine griechische Fahne, die das Erreichen der Bergspitze kenntlich macht. Sie müssen sich mit einer Infotafel begnügen, die auf einem verrosteten Gestell angebracht ist und ebenfalls mit Stickern diverser Organisationen überklebt ist. Hier verlassen Sie auch den E4, der nach dem Durchschreiten der beiden Metallstangen nach links führt. Sie orientieren sich nach der überklebten Infotafel an den auf dem Boden und an den Steinen hinterlegten roten Markierungen mit gelber Umrandung. Generell gilt, dass der Weg ab hier z. T. sehr eng ist. Rücksichtnahme gegenüber dem eventuellen Gegenverkehr wird daher vorausgesetzt. Der Weg führt Sie zunächst einmal wieder bergab, allerdings nur für rund 250 m. Der Scheitelpunkt (2.812 m) ist gut an den steilen Abhängen zu beiden Seiten zu erkennen. Schwindelfreiheit ist auf dem Weg definitiv von Vorteil. Sie gehen weiter geradeaus bzw. klettern je nach Situation auch gerne auf allen Vieren und folgen weiterhin den roten Punkten, die gut sichtbar den Weg weisen. Vor Ihnen liegen nun die letzten ca. 350 m, bis Sie die griechische Fahne und das Gipfelbuch des Mytikas ❸, des höchsten Bergs des Olymps und Griechenlands, erreicht haben.

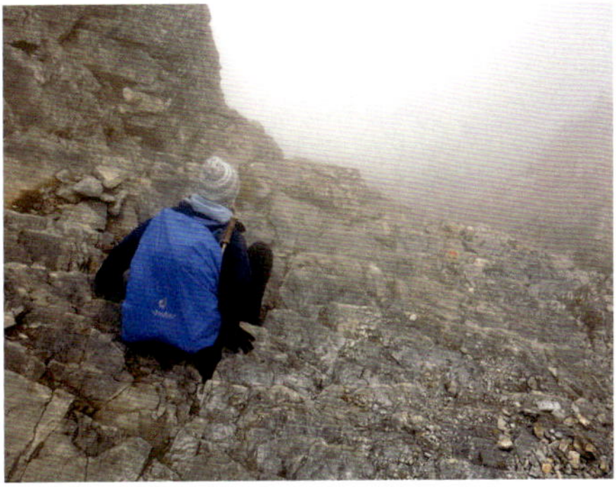

Abstieg über den rot markierten Weg

Im Osten können Sie bei guter Sicht das Meer (Ägäisches Meer) und die griechische Halbinsel Chalkidiki mit ihren drei fingerartigen Landzungen sehen. Ist das Wetter besonders klar, können Sie im Norden sogar bis Albanien, Nordmazedonien und Bulgarien schauen. Nachdem Sie auf der Spitze verschnauft und die Aussicht genossen haben, können Sie sich langsam wieder auf den Rückweg begeben. Dazu folgen Sie den roten Markierungen mit gelbem Umkreis bergab. Nach rund 600 m erreichen Sie den Skala ❷ wieder und halten sich von dort – wieder auf dem E4 – Richtung Priónia und Litochoro immer links und biegen nie nach rechts ab. Nach weiteren 1,2 km erreichen Sie den Abzweig mit dem bekannten Infoschild, an dem man auf die blaue Route abbiegen könnte ❶.

➯ Alternativer Aufstieg zum Mytikas über die blaue Route

Dieser Aufstieg wird nur bei klarer Sicht und Trockenheit empfohlen. Die Route ist eher für begeisterte Kletterer geeignet, die auch das entsprechende Equipment (beispielsweise einem Helm) haben, als für Wanderer. An der Gabelung ❶ halten Sie sich rechts. Ein verwittertes gelbes Blechschild weist den Weg nach rechts auf einen Schotterweg, der bergauf führt. Auf den ersten 150 m steigen Sie bereits 50 m auf. Es wird also anstrengend. Anschließend erfolgt der Aufstieg gemächlicher und Sie wandern am Hang auf einem gut sichtbaren Schotterweg. Die umliegenden Berge bieten atemberaubende Aussichten und der Pfad führt Sie mehr bergauf als bergab. Am Wegesrand finden Sie z. T. kleine Holzpflöcke, auf denen rote Dreiecke (teilweise mit dem Bild eines Fisches in der Mitte) als Hinweisschilder angebracht sind. Auf Ihrem Weg können Ihnen auch die „Antilopen" der griechischen Berge begegnen. Dabei handelt es sich um Balkangämsen. Diese sind der Ziege nicht unähnlich, allerdings ist die Gämse sehr viel robuster. Es ist verboten, sie in Griechenland zu jagen. Die gesamte Population in Griechenland

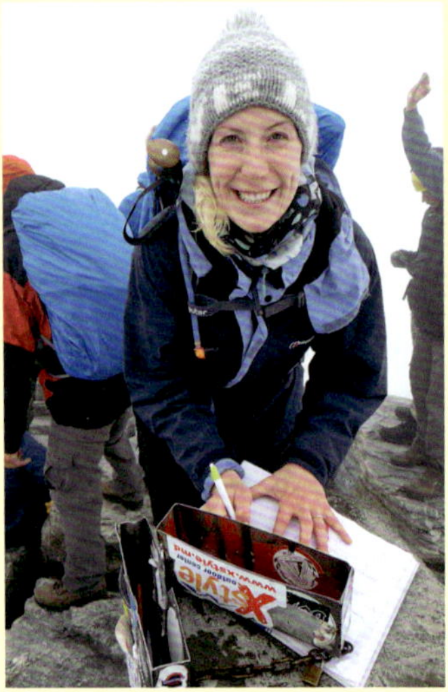

Eintragung ins Gipfelbuch

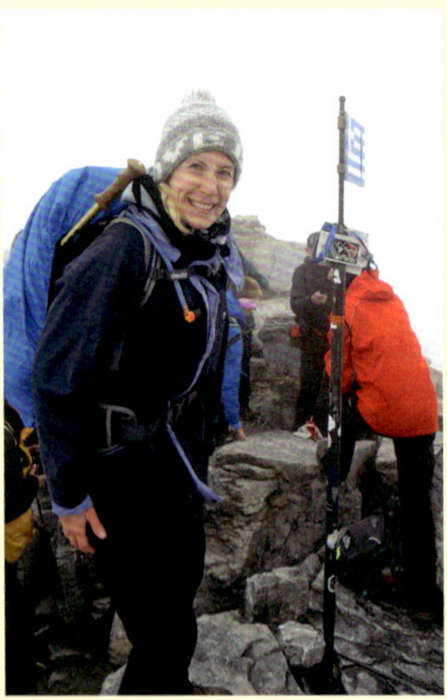

wird mit rund 1.200 Tieren angegeben, die ca. 20 mehr oder weniger isolierte Kleingruppen bilden. Dabei stoßen die männlichen Exemplare nur zur Paarungszeit im Herbst zur Herde, die ansonsten aus den weiblichen Exemplaren und den Nachkommen, die im Frühjahr geboren werden, besteht. Bei Gefahr warnen sich die Tiere untereinander durch ein charakteristisches Pfeifen.

Nach rund 950 m erreichen Sie eine kleinere Herausforderung: Der Pfad wurde durch einen Felsabgang etwas in Mitleidenschaft gezogen und Sie müssen über den Schotter klettern. Wanderstöcke unterstützen Sie dabei. Nach weiteren ca. 440 m erreichen Sie eine Abbiegung nach links. Zu erkennen ist diese durch ein verwittertes Blechschild an der Felswand und die Zeichnung eines blauen Punktes, der von gelber Farbe umrundet wird. Dieser Kennzeichnung folgen Sie. Wenn Sie an dieser Stelle nicht den blauen Markierungen, sondern dem Weg geradeaus folgen, erreichen Sie die Hütte YIOSSOS APOSTOLIDIS. Da Sie aber den Mytikas bezwingen wollen, heißt es nun, die Augen offen zu halten und blaue Punkte mit gelbem Kreis zu suchen. Die ersten 100 m führen Sie dichter an den Felsen heran, hier ist ein Wandern bei einer Steigung von rund 28 % noch möglich. Auf den folgenden 270 m überwinden

Sie rund 180 Höhenmeter. Nehmen Sie sich Zeit für den Aufstieg und helfen Sie sich gegenseitig. Insbesondere kleinere Personen könnten bei dem Aufstieg Probleme haben, die entsprechenden Felsvorsprünge zu erreichen. Sie finden z. T. Ösen, um Sicherungsseile für das Klettern zu befestigen. Der Lohn für Ihre Anstrengung sind die griechische Fahne und das Gipfelbuch des Mytikas ❸, in das Sie sich nach dem erfolgreichen Aufstieg eintragen können.

Auf dem blauen Weg zum Gipfel des Olymps

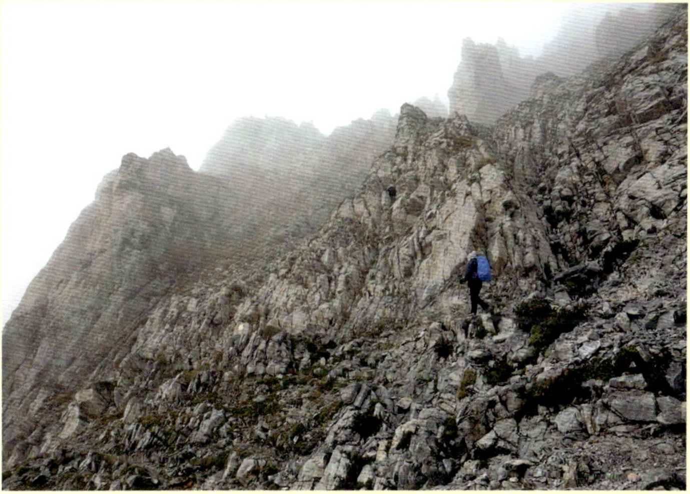

Vergessen Sie auch beim Abstieg nicht die Pausen! Eine gute Gelegenheit bietet sich an der Hütte Spilios Agapitos ❹, die Sie rund 1,4 km nach der Weggabelung ❶ erreichen. Nach einem wärmenden Kakao und einer Kleinigkeit zu essen können Sie entweder ein weiteres Mal in der Hütte übernachten oder aber die restlichen rund 6,3 km bis zum Parkplatz in Angriff nehmen. Dabei folgen Sie auf dem bereits durch den Aufstieg bekannten Weg jeweils der Beschilderung Richtung Priónia und Litochoro und passieren auch den Wegweiser mit drei Richtungsschildern ❺, den Sie schon vom ersten Tag kennen.

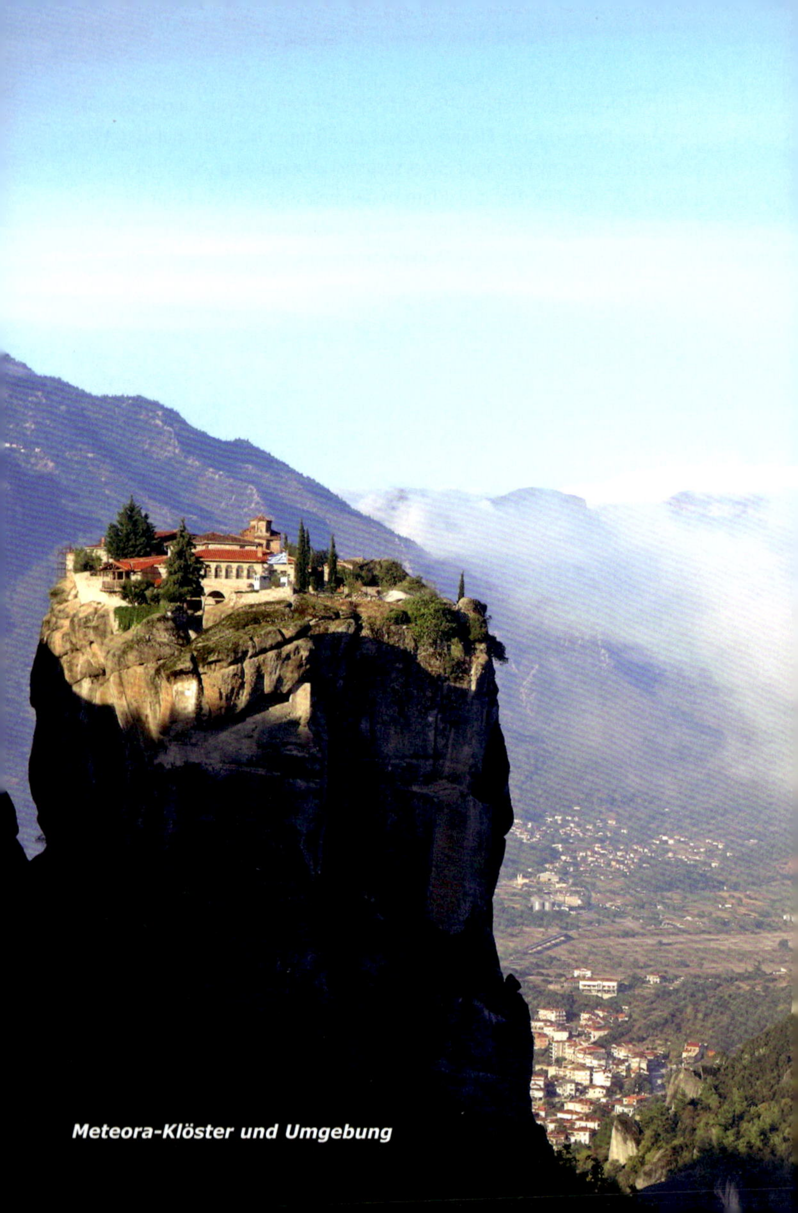

Meteora-Klöster und Umgebung

Kleiner Sprachführer

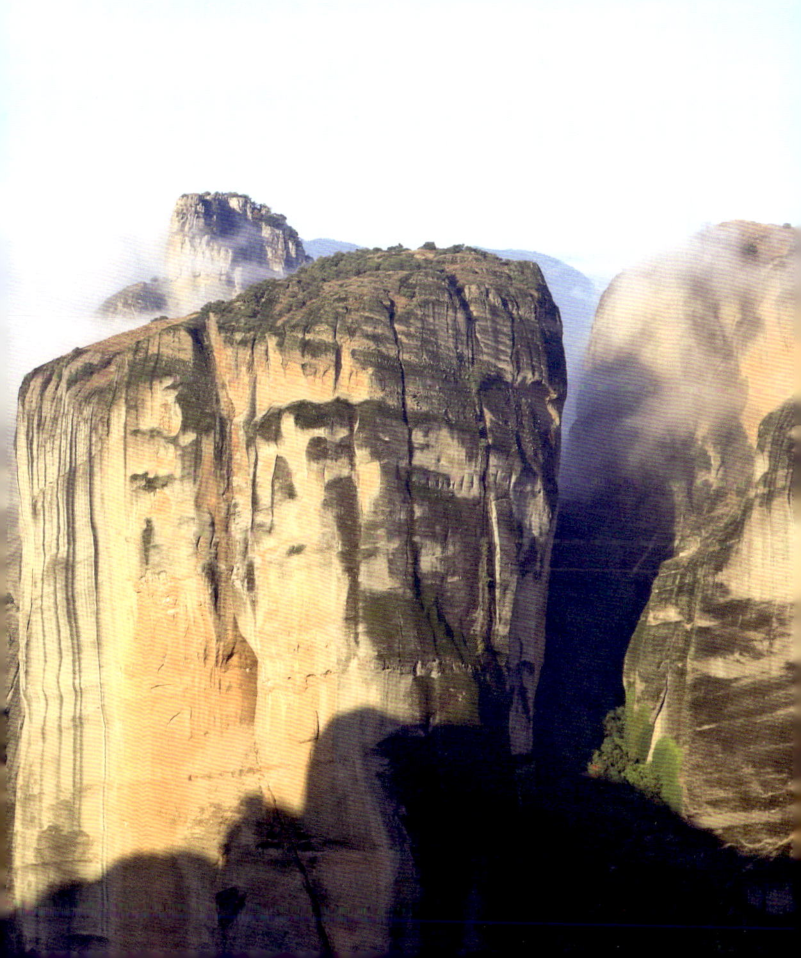

Das Wichtigste in Kürze

Deutsch	Griechisch (lateinische Schrift)
ja/nein	nai/óchi
bitte/danke	parakaló/ efcharistó
Hallo!	Geia sas! (höflich)/Geia su! (locker)
Guten Morgen!	Kaliméra!
Guten Abend!	Kalispéra!
Gute Nacht!	Kalinýchta!
Auf Wiedersehen!	Antío!
Wie heißen Sie?	Poio eínai to ónomá sou?
Mein Name ist …	To ónomá mou eínai …
Entschuldigung!	Syngnómi!
Ich verstehe Sie nicht.	Den se katalavaíno.
Sprechen Sie Deutsch/Englisch?	Miláte Germaniká / Angliká?
Hilfe!	Voítheia!
Rufen Sie einen Arzt!	Kaléste giatró!
Rufen Sie die Polizei!	Kaléste tin astynomía!
Wie viel Uhr ist es?	Ti óra eínai?
gestern/heute/morgen	chthes / símera / ávrio
morgens/nachmittags/abends	proí/apógevma/vrády
Montag	Deftéra
Dienstag	Tríti
Mittwoch	Tetárti
Donnerstag	Pémpti
Freitag	Paraskeví
Samstag	Sávvato
Sonntag	Kyriakí
Die Speisekarte, bitte.	To menoú, parakaló.
Die Rechnung, bitte.	To nomoschédio, parakaló.
Ich bin Vegetarier.	Eímai chortofágos.
Was ist das?	Ti eínai aftó?
Ich bin krank.	Eímai árrostos.
Hier tut es weh.	Ponáei edó.

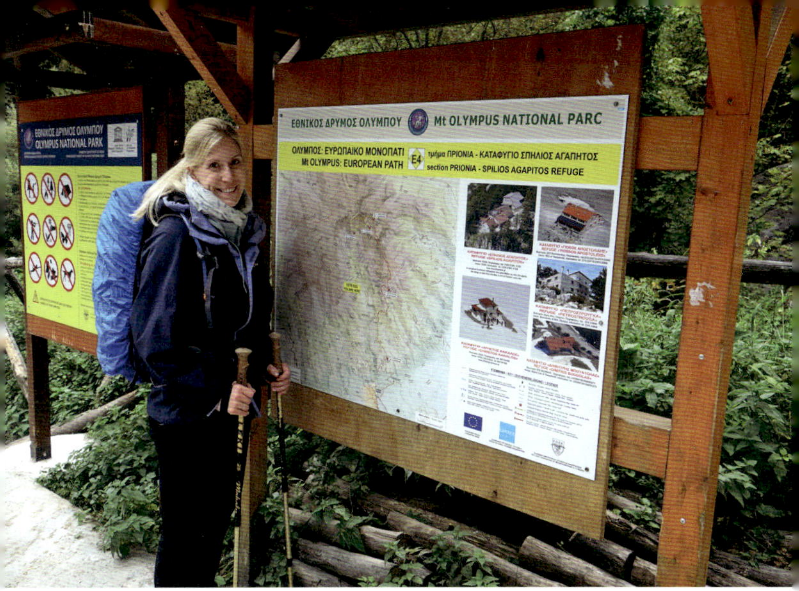

Ein paar Sprachkenntniss helfen oft bei der Verständigung

Das gefällt mir nicht.	Den mou arései aftó.
Nehmen Sie Kreditkarten?	Dechteíte pistotikés kártes?
Ich suche eine Bank.	Psáchno gia mia trápeza.
Darf ich hier parken?	Boró na stathméfso edó?
Ich suche ein Hotel.	Psáchno gia éna xenodocheío.
Sind noch Zimmer frei?	Ypárchoun kápoia domátia?
Wie viel kostet es pro Nacht?	Póso eínai aná dianyktérefsi?

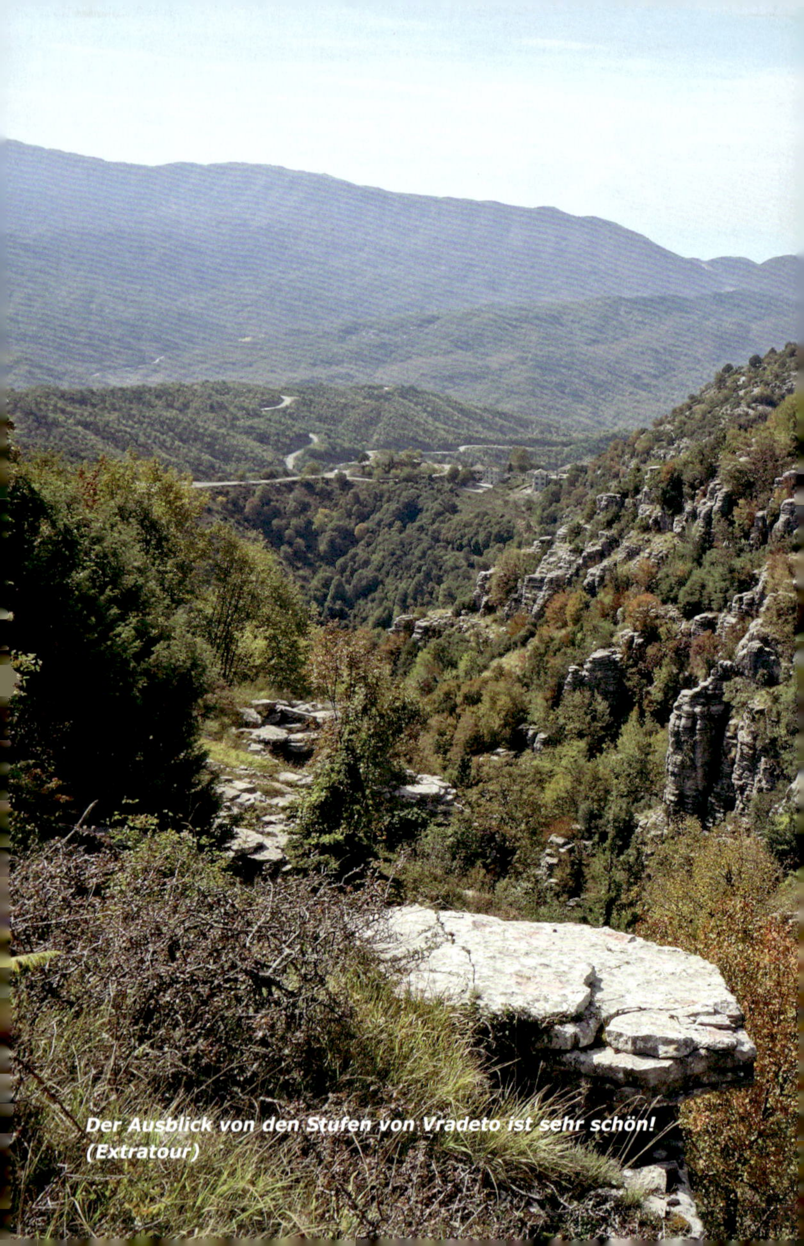

Der Ausblick von den Stufen von Vradeto ist sehr schön! (Extratour)

Index

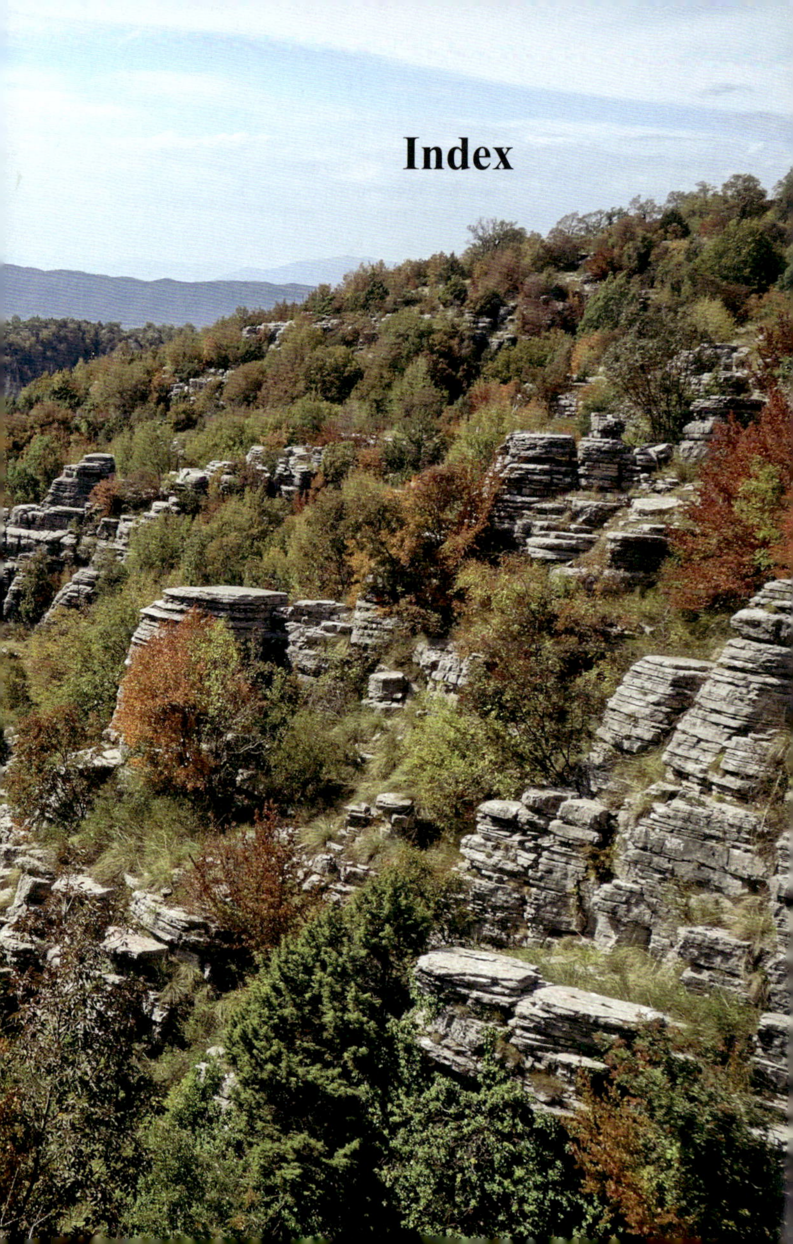

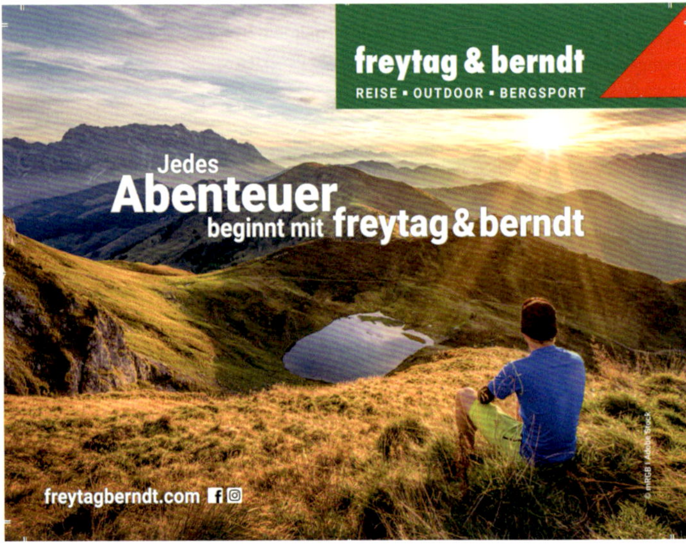
freytag & berndt
REISE • OUTDOOR • BERGSPORT
Jedes
Abenteuer
beginnt mit freytag & berndt
freytagberndt.com
© mRGB | Adobe Stock